创新创业案例研究

——以艺术设计类公司为背景

赵恒 李采 舒杨 著

西南交通大学出版社
·成都·

图书在版编目（CIP）数据

创新创业案例研究：以艺术设计类公司为背景 / 赵恒，李采，舒杨著. —成都：西南交通大学出版社，2017.9（2022.7 重印）
ISBN 978-7-5643-5368-1

Ⅰ. ①创… Ⅱ. ①赵… ②李… ③舒… Ⅲ. ①大学生－创业 Ⅳ. ①G647.38

中国版本图书馆 CIP 数据核字（2017）第 233909 号

创新创业案例研究
——以艺术设计类公司为背景

赵恒　李采　舒杨　著

责任编辑	张华敏
特邀编辑	唐建明
封面设计	何东琳设计工作室

出版发行	西南交通大学出版社 （四川省成都市二环路北一段 111 号 西南交通大学创新大厦 21 楼）
邮政编码	610031
发行部电话	028-87600564　028-87600533
官网	http://www.xnjdcbs.com
印刷	四川煤田地质制图印刷厂

成品尺寸	170 mm×230 mm
印张	5.25
字数	95 千
版次	2017 年 9 月第 1 版
印次	2022 年 7 月第 4 次
定价	30.00 元
书号	ISBN 978-7-5643-5368-1

图书如有印装质量问题　本社负责退换
版权所有　盗版必究　举报电话：028-87600562

前　言

近年来，我国高等院校不断涌动创新创业大潮，大学生创新创业教育已成为现代高等教育和发展的新趋势，在严峻的就业背景下，各地高校近年来纷纷开展创业教育引导大学生"以创业带动就业"和"以创新带动发展"，由此可见，创新创业教育被赋予了相当重要的地位。其目的在于培养顺应新时期发展且具有创业能力和创新工作能力的新时代人才，这也是时代发展的必然需求。

作为新时代的大学生，是沉湎于学生时期的安逸生活，一辈子庸庸碌碌，还是披荆斩棘，迎风破浪，勇于开创一份属于自己的事业？这个时候，选择尤其重要。选择所对应的便是勇气，没有创业的勇气，那你注定与创业失之交臂。但我们也不能因为就业难或其他压力就"逼"自己去创业。正确的创业态度是创业成功的前提。将创业作为自己职业的选择，就必须将自己多年所学的专业技能与兴趣特长相结合。所以，新时代的大学生应该把被动的就业观念转化为主动的创业观念，尤其是艺术设计类专业的学生，更应该主动选择自主创业，发挥创新精神。设计类专业，因其专业自身的特点，在就业过程中面临选择范围窄、专业要求高、人员需求少等比较突出的困难。所以，对设计类专业大学生进行系统的创新创业教育，培养他们的创业意识、创新能力和创业素质具有十分重要的意义。现如今，随着高校教育的不断改革，为加大改革力度，提高教学水平，必须构建完善的设计类专业创新创业教育体系，让更多具有扎实的设计专业才能的学生能够在社会上绽放自己独特的光芒。

如今市面上的大型设计公司并不多。出现此现象是由于设计在目前的中国还处于起步阶段。很多设计师在社会上属于一群不太被人理解的工作群体。因其设计师本身特有的属性，决定了设计师不但是天马行空的思想家，也是踏踏实实的实干家，是凌驾于生活之上的艺术家，也是伟大的工程师，是源源不断的创意源泉，也是实现创意的工匠，正因为设计师身份的复杂多样性，让这份职业多少带有一些清高的色彩，这也决定了就业的难度要比大多数行业要高很多。所以，对艺术设计专业的学生进行创业的系统学习已经迫在眉睫。

《中国教育报》曾对大学生初次创业从哪些行业起步做了一个市场调查，调查范围主要集中在室内装饰设计行业、知识服务型行业（咨询机构、培训学校、广告公司）、环保科技行业、汽车美容行业、互联网行业（电子商务）、大众化餐饮行业六大行业，调查结果是，在这六个行业中，大学生初次创业选择广告、室内装饰的占两成以上，由此可见，创办设计类公司的前景非常可观。当今政府也出台了很多有利于大学生自主创新创业的项目和资助，如今的时代已处于"大众创业、万众创新"的阶段。

本书由重庆工业职业技术学院的赵恒、李采、苏扬三位老师针对设计类创新创业实务进行深入浅出的讲解和具体流程的展示。由于水平和时间所限，书中不足之处在所难免，敬请读者指正。

作　者

2017 年 6 月

目 录

第一章 初识设计类创新创业 / 1
一、创新和创业的概念 /1
二、设计类创新创业行业认知 /1
三、开设设计类公司有哪些创办形式 /2
四、设计类创业者应具备哪些创业素质 /3
五、设计类创新创业者的素质和能力培养 /4

第二章 设计类公司创新创业前的准备 / 8
一、公司注册 /8
二、组建团队 /14
三、选择场地 /17
四、购买设备 /19

第三章 玩转室内装饰设计公司 / 21
一、装饰设计业务的范围有哪些 /21
二、装饰设计业务从哪里寻找客源 /22
三、初创公司如何做好"职业锚"定位 /22
四、设计及营销实务 /24
五、工程施工实务 /27

第四章 玩转婚庆设计公司 / 33
一、婚庆公司行业的现状分析 /33
二、婚庆公司的发展前景 /35
三、如何寻找客源 /36
四、如何开展婚庆公司的业务 /37

五、实际案例/43

第五章　玩转风景园林设计公司 / 48
　　一、业务承接方式/48
　　二、如何开展业务/53

第六章　玩转摄影公司 / 59
　　一、市场调研/59
　　二、如何承接到业务/63
　　三、摄影公司的工作流程/65

第七章　玩转广告设计公司 / 70
　　一、广告公司主要业务人员的职责/70
　　二、如何承接广告设计业务/70
　　三、业务实施案例/75

参考文献 / 78

第一章 初识设计类创新创业

一、创新和创业的概念

创新是人类特有的能力,这种能力包括人类对世界的认识和实践,是人类与动物的本质区别,也是人类创新思维的外化。对于创业而言,根据杰夫里·提蒙斯(Jeffry A.Timmons)所著的创业教育领域的经典教科书《创业创造》(*New Venture Creation*)的定义:创业是一种思考、推理结合运气的行为方式,它为运气带来的机会所驱动,需要在方法上全盘考虑并拥有和谐的领导能力。

如今,人们往往将创业认为是个人创办企业、开设公司、开店经营和个人立足本职工作,创立一番事业。通常人们所说的创业指的是前者,也就是人们口中常说的"自主创业"。本书主要针对艺术设计类专业的学生毕业后如何在艺术设计领域开展自主创业进行阐述。希望同学们在通读完本书后能够对如何开设艺术设计公司有一个深入的了解,并能学以致用,为你开启一扇创业成功的大门。

二、设计类创新创业行业认知

既然要在设计领域实施创新创业,首先要对该行业的基本情况有所了解和认知。对行业认知的方法有:百度 GOOGLE 关键词搜索、行业网站、专业论坛、名人解读、相关企业网站、行业调研等方式。通过这些方式进行调研后,可以对当今设计行业的现状有所了解。

近几年,随着国家宏观经济的稳定发展,设计行业进入了一个异常活跃的时期。我国设计行业发展迅速,成长空间空前巨大。据有关报告预测:未来几年内,中国设计产业规模在 GDP 中的占比维持在 0.8%~0.9% 的水平,对比欧美发达国家的设计支出情况，我国设计产业的规模与发达国家相比显著偏低，未来提升的空间较大。

如今，设计行业由于入行门槛低，与其他行业相比，具有投资少、风险低、业务市场量大、容易创业的特点。一般的设计公司在创业初期，只要有固定的几个客户，就能维持公司的运作，也能保证一定的利润，并能在行业内站稳脚跟。当然，公司如何发展扩大业务、如何留住人才、如何提高员工士气、如何赚取更多利润，那是公司后续发展的问题。

艺术设计类专业的毕业生只要涉及艺术设计类业务都可以胜任，如室内装饰设计、婚庆设计、风景园林设计、摄影摄像设计、广告设计等。

当然，我们鼓励大家创业，同时，也希望通过创业带动创新，但客观来讲，并不是每个人都适合创业，也不是每个涉足设计类行业的人都具有创新精神，这需要创业者本人进行自我认知。因此，本书接下来的内容会让你对自己做一个全面的认知，让你在看完本书后能明白自己是否适合设计类创业，是否具有创新精神。

三、开设设计类公司有哪些创办形式

（一）实体创业

大学生实体创业的意思是，大学生创业要依托于一个实体，这个实体可以是公司、企业，也可以是其他形式。艺术设计类实体创业就是成立艺术设计公司，开一家实体店，店铺是最基本的商业单元，是创业的重要入口。这类创业实体的优势在于，方便承接各种散客业务，也利于宣传，对创业人群的能力没有具体要求。

（二）网络创业

目前网络创业的形式主要有两种：一是网上开店，在网上注册成立网络商店；二是网上加盟，以某个电子商务网门店的形式经营，充分利用母体网站的货源和销售渠道。

这种创业的优势在于门槛低、成本少、风险小、方式灵活，特别适合初期创业者。

适合网络创业的人群有技术人员、海归人员、在校大学生、上班族。

（三）加盟创业

分享品牌金矿，分享经营诀窍，分享资源支持，连锁加盟凭借这诸多的优势成为备受青睐的创业新方式。目前，连锁加盟有直营、委托加盟、特许加盟等形式，投资金额根据商品种类、店铺要求、技术设备的不同从 250 万元～6 000 万元不等，可满足不同需求的创业者。这种创业优势在于利益共享，但劣势在于风险共担。创业者只需支付一定的加盟费，就能借用加盟商的金字招牌，并利用现成的商品和市场资源，还能长期得到专业指导和配套服务，而不必摸着石头过河，创业风险也有所降低。

（四）大赛创业

大学生创业大赛移植于美国的商业计划竞赛，此类竞赛旨在为参赛者展示项目、获得资金提供平台，yaho 等企业都是从商业竞赛中脱颖而出的，因此被形象地称为创业"孵化器"。从国内的情况来看，创业大赛也扶植了一批大学生企业，如清华大学王科、邱虹云等组建的"视美乐"公司，上海交通大学罗水权、王虎等创建的"上海捷鹏"等。这种创业优势很明显，应该说，创业大赛不仅为大学生创业者闪亮登场提供了舞台，更重要的是提供了锻炼能力、转变观念的宝贵机会。对大学生来说，创业大赛是创业"试金石"，通过这个平台，可熟悉创业程序，储备创业知识，积累创业经验，接触和了解社会。这种创业方式适合在校大学生人群。

（五）概念创业

概念创业，顾名思义就是凭借创意、点子、想法创业。当然，这些创业概念必须标新立异，至少在打算进入的行业或领域是个创举，只有这样，才能抢占市场先机，才能吸引风险投资商的眼球。同时，这些超常规的想法还必须具有可操作性，而非天方夜谭。这种创业优势在于具有点石成金的神奇作用，特别是本身没有很多资源的创业者，可通过独特的创意来获得各种资源，包括资金、人才等。这种创业方式适合具有强烈创新意识但没有很多资源的创业者。

四、设计类创业者应具备哪些创业素质

（一）创业意识

创业意识包括：创业动机、创业兴趣、创业理想等。

（二）创业心理品质

创业心理品质主要是指创业者的意志。意志就是：坚定的信念、坚韧的精神、必胜的信心、充沛的精力等。

（三）创业能力

创业能力包括：专业知识、学习能力、开拓创新能力、组织领导能力、协作能力、交际能力。

（四）创业者知识

创业者应具备的知识包括商业知识、管理知识和法律知识。商业知识主要用于商品交换、流通等方面，而管理知识主要用于人事管理、资金财务管理、物资管理、生产管理、市场营销等方面，法律知识除了用于工商注册、经济合同、税务之外，还能避免在承接业务过程中的不必要纠纷。

五、设计类创新创业者的素质和能力培养

（一）意志品质的培养

树立崇高的理想和志向，将理想和实际工作目标结合起来，在具体的艺术设计专业的学习和实践工作中严于律己，出色地完成各项任务，并积极参加各种技能大赛等实践活动，同时还应加强体育锻炼，让自己拥有强健的体魄和坚强的意志。

（二）创业意识的培养

通过专业知识的学习和选修企业经营、企业管理类课程以及参加学院举办的"创业孵化基地"创业模拟实训来培养自己的创业意识。在设计实训过程中了解关于设计业务制作的基本流程和承接业务的基本方式，为毕业后自主创业打下坚实的基础。

（三）创新能力的培养

努力学习，把自己培养成全面型人才，不仅精通专业知识，而且积极向

上，善于在实践中积累经验，主动培养自己分析、判断、决策、交流、组织指挥、设计的能力。

（四）测一测你的设计类创新创业智商有多高

测 试 题 目	你的答案
（1）你父母有过创业的经历吗	是□ 否□
（2）在学校时你设计方面的专业知识好吗	是□ 否□
（3）在学校时，你是否喜欢参加群体活动，如工作室或集体运动项目	是□ 否□
（4）少年时代，你是否更愿意一个人待着	是□ 否□
（5）你是否参加过学生会的竞选或是自己做生意，如卖柠檬水、办家庭报纸或者出售贺卡	是□ 否□
（6）你小时候是否很倔强	是□ 否□
（7）少年时代，你是否很谨慎	是□ 否□
（8）小时候你是否很勇敢而且富有冒险精神	是□ 否□
（9）你很在乎别人的意见吗	是□ 否□
（10）改变固定的日常生活模式是否是你开创自己生意的一个动机	是□ 否□
（11）也许你很喜欢工作，但你是否愿意晚上也工作	是□ 否□
（12）是否愿意随工作要求而延长工作时间，可以为完成一项工作而只睡一会儿，甚至根本不睡	是□ 否□
（13）在你成功完成一项工作之后，你是否会马上开始另一项工作	是□ 否□
（14）你是否愿意用你的积蓄开创自己的生意	是□ 否□
（15）你是否愿意向别人借东西	是□ 否□
（16）如果你生意失败了，你是否会立即开始另一个	是□ 否□
（17）（接上题）或者你是否会立即开始找一个有固定工资的工作	是□ 否□
（18）你是否认为做一个企业家很有风险	是□ 否□
（19）你是否写下了自己的长期和短期目标	是□ 否□
（20）你是否认为自己能够以非常职业的态度对待经手的现金	是□ 否□
（21）你是否很容易烦躁	是□ 否□
（22）你是否很乐观	是□ 否□

1. 分数计算法

（1）是：加1分。否：减1分。

（2）是：减4分。否：加4分。

（3）是：减1分。否：加1分。

（4）是：加1分。否：减1分。（研究显示，企业家们少年时代往往更愿意一个人待着）

（5）是：加2分。否：减2分。（开创生意通常从很小就开始）

（6）是：加1分。否：减1分。（童年时的倔强似乎可以理解为按照自己的方式行事的坚定决心——成功企业家的典型特征）

（7）是：减4分。否：加4分。（谨慎可能意味着不愿冒险，这对于在新兴领域开创事业可能是个绊脚石）

（8）是：加4分。否：减4分。

（9）是：减1分。否：加1分。（企业家们往往不在乎别人的意见而坚持开创不同的道路）

（10）是：加2分。否：减2分。（对日常单调生活的厌倦往往可以坚定一个人开创自己事业的决心）

（11）是：加2分。否：减2分。

（12）是：加4分。否：减4分。

（13）是：加2分。否：减2分。

（14）是：加2分。否：减2分。（成功的企业家都愿意用积蓄资助一项计划）

（15）是：加2分。否：减2分。

（16）是：加4分。否：减4分。

（17）是：减1分。否：加1分。

（18）是：减2分。否：加2分。

（19）是：加1分。否：减1分。（许多企业家都把记下自己的目标作为一种习惯）

（20）是：加2分。否：减2分。（以正确的态度处理经手的现金对企业的成功至关重要）

（21）是：加2分。否：减2分。（企业家们的个性似乎都是很容易厌倦的）

（22）是：加2分。否：减2分。

2. 结果评议与建议

· 35～44分：绝对合适。得35分以上的人士不自己创业，简直就是资源浪费。

· 15～34分：非常合适。如果你得分在15分及以上，那你应该说是个"老板胚子"了。

· 0～14分：很有可能。你的人生其实可以有许多选择，包括选择自己创业还是做个高级白领。你的智商和情商发展均衡，这意味着你在很多选择中可进可退，可攻可守。

· －1～15分：也许有可能。如果你非要走创业之路，应该说也有属于自己的机会，但首先要克服很多困难，包括环境，也包括你自身的思维方式和性格制约。

· －16～43分：还是死了这条心吧。不要浪费自己和别人的时间、精力和金钱。你应该仔细考虑自己是不是适合做生意，因为你的才华可能并不在这方面。也许为别人工作或者掌握一门技术远比做生意更适合你，可以让你更好地享受生活的乐趣并且充分发挥自己的能力，发挥自己的兴趣。

第二章 设计类公司创新创业前的准备

一、公司注册

要开设艺术设计公司,首先要注册一个新的公司或企业。注册新公司或企业的作用在于为自己的业务经营寻得一个合法的地位。注册公司的基本要素包括:

(1) 股东的人数必须符合规定。
(2) 股东出资必须达到法定资本的最低限额。
(3) 股东共同制定公司章程。
(4) 公司需注册一个名称。
(5) 有固定的场所且具备必要的生产经营条件。

(一) 公司注册的种类

一般情况下,根据股东对公司所负责任的不同,可以将公司划分为五类:

(1) 无限公司,即所有股东无论出资数额多少,均需对公司债务承担无限连带责任的公司。
(2) 有限责任公司,所有股东均以其出资额为限对公司债务承担责任的公司。
(3) 股份有限公司,全部资本分为金额相等的股份,所有股东均以其所持股份为限对公司的债务承担责任。
(4) 两合公司,由无限责任股东和有限责任股东共同组成的公司。
(5) 股份两合公司,由无限责任股份和有限公司股东共同组成的公司。

这种划分方法是对公司最基本的划分方法。

在校大学生或刚毕业的大学生如果选择创业，通常而言都是创办小微型企业，因此有限责任公司是这类创业者的首选。有限责任公司是指股东以其出资额为限对公司承担责任，公司以其全部资产对公司的债务承担责任的法人企业。有限责任公司内部的法律关系界定得比较清楚，规范起来也相对容易，企业以注册资本对外承担责任，投资者不负连带责任。因此，有限责任公司是绝大多数创业者乐于采用的组织形式。一人有限责任公司最低注册资本为10万元，由2位至50位股东共同出资成立的有限责任公司最低注册资本为3万元。对于艺术设计类公司，其核心业务包含室内装饰设计、婚庆设计、风景园林设计，摄影摄像服务等与文化创意和设计创意相关的业务，在创办公司的时候，设计是涵盖在文化里面的。所以这类公司可以取名为文化创意有限责任公司、文化传媒有限责任公司、文化传播有限责任公司等。

（二）企业经营范围的划定

经营范围是指国家允许企业法人生产和经营的商品类别、品种及服务项目，它主要反映企业法人业务活动的内容和生产经营的方向，是企业法人业务活动范围的法律界限，企业法人应当在核准登记的经营范围内从事经营。艺术设计类大学生创业一般会选择的经营范围和行业如下：

1. 室内装饰类

室内外装饰设计、建筑装饰设计、施工工程（凭资质证书执业）等。公司名称可选择为：装修有限公司、装饰设计有限公司等。这里值得注意的是，由于施工工程有行业资质许可要求，不建议大学生初创业时选择施工工程类的行业。

2. 婚庆服务类

婚庆服务，礼仪服务，展览展示服务；承办经批准的文化艺术交流活动。公司名称可选择为：婚庆服务有限公司、文化传播有限公司（或合伙企业、工作室等）。

3. 风景园林类

环艺景观设计、风景园林设计、植物配置设计等。这类公司对注册资金要求颇高，工程量也相对较大，承接业务的流程会比其他类型的公司更加复杂。如果有经济实力愿意创办此类型公司的同学，可以将公司名称命名为：园林景观有限责任公司、环艺景观有限责任公司，等等。

4. 摄影摄像类

摄影、摄像，影视制作、发布等。公司名称可选择为：影视传媒公司。这类公司对注册资金有较高要求，也有资质许可要求，建议大学生初创业时不要注册此类公司，而是选择注册包含传媒类相关经营范围的其他类型的公司。

5. 广告设计类

设计、制作灯箱、字牌、横幅、图文、喷绘、写真广告；打印；复印、电脑图文设计；代理、发布国内外广告。公司名称选择：广告设计有限公司、广告策划有限公司、广告创意有限公司（或合伙企业、工作室等）。

（三）公司注册流程

1. 企业名称预先登记

企业名称核准的步骤分为三步：第一步：咨询后领取并填写《名称（变更）预先核准申请书》《投资人授权委托意见》，同时准备相关材料；第二步：递交《名称（变更）预先核准申请书》、投资人身份证、备用名称若干及相关材料，等待名称核准结果；第三步：领取《企业名称预先核准通知书》。

申请人需向市、区工商行政管理局提交企业名称预先登记申请书、申请人身份证明或委托书、股东身份证明等相关材料进行办理，受理时限一般为五个工作日。《核名申请书》的填写包括公司名称、备选字号、企业住所、经营范围、注册资本、股东名称及证件号码、委托代理人信息等；同时需要提供全体股东的签字（盖章）、股东的身份证复印件、委托代理人身份证复印件等证明材料。核名工作的受理时限一般为3至5个工作日，核名通过后将获得《企业名称预先核准通知书》，这将成为企业登记时的必备要件之一。而公司名称一般就可以显示出区域、字号、经营范围、组织形式等要素，如"重庆市（区域）天琳（字号）广告设计（经营范围）有限责任公司（经营形式）"。

（1）区域：是指企业名称首先应反映其所在的地点。地点的表述不宜过大或过小，一般以"市级"作为区域定位者居多，少数可以使用"省级"。"重庆市"作为直辖市，一般企业区域定位可直接定位为"重庆市……"，一般无须再精确至"区"或"县"甚至是"街道"或"乡镇"等。注意，以"中国"、"中西部"、"世界"、"全球"等大范围作为区域命名的应慎重，一般不允许采用。

（2）字号：是一个企业区别于另一个企业的重要标志之一。因此，字号的拟定应遵循显著性、区别性、表意性等原则。"表意和显著"并不难理解，但真正做到这一要求却并不容易。这里值得注意的是，若使用自然人姓名作为企业字号时，不得与党和国家领导人或其他名人姓名相同；若使用商标中的文字、著名企业字号、高等院校或科研院所通称（简称）时，应提交商标、著名企业、高等院校或科研院所所有权人出具的资格证明和授权文件等。

（3）经营范围：就是指经营内容。每个企业的创办都有其主要的经营内容，如室内装饰、摄影摄像、广告设计、风景园林设计、婚庆服务等，一个完整的企业名称应当也必须能够直接反映其经营范围，否则人们不知道这个企业是做什么的。以艺术设计创意专业为例，其经营内容可以唯一，也可以同时经营两项甚至更多。事实上，每个企业都会尽可能拓宽自己的经营范围，由此获得更多的利益。不过，即使经营范围较为广泛，企业依然会有一条"主线"（核心内容）作为自己的主要经营方向，比如，软件科技、室内装潢、建筑装饰、广告设计、影视传媒、音响设备、产品创意等，其经营方向是有所不同的，这就要求在拟定企业名称时应明确注明其主要的经营范围（亦即侧重点）。

（4）经营形式：大致可以分为有限责任公司和股份有限公司。对于初创业者而言，由于股份有限公司的注册门槛及其相关要求更高，所以，一般都是选择有限责任公司。在艺术设计创意领域创办企业，企业名称通常可以选择"区域＋字号＋文化创意有限公司、广告设计有限公司或文化传播有限公司"等。

综上所述，企业名称通常由四部分组成，缺失任一部分都不会完整。另外值得注意的是，企业名称的拟定不得有损于国家、社会的公共利益，避免对公众造成欺骗或误导；同时，新企业名称不得与已注册登记的同行企业的名称相同或相近，因此，企业名称的拟定最好有三个以上，这样可以增加通过的概率。

2. 住所的确定

"住所"是指所注册登记的公司的具体地址，这个地址要详细到街道门牌号，能清楚指向公司办公所在地，将住所呈报上去之后，工商部门还会派相关工作人员到现场进行勘查，主要是查看住所的真实性，其次是查看你所申办的公司是否具备正常办公的基本条件。普通公司注册一般要求公司租赁期至少为一年以上，租赁地址可以是具有商铺、办公室等商用性质的房屋。特殊企业注册会对企业场地等提出特别要求，如酒类企业的办公面积必须在50平方米以上，中型餐馆的办公面积必须在150平方米以上等。

在进行公司住所的确定时，一定要注意，必须获得住房使用证明以及相关的房屋租赁协议。房屋租赁协议要求必须使用工商局统一制式的租房协议，并让房东提供房东身份证复印件、房产证复印件，并在复印件上加盖产权单位公章或由产权人签字。如果房屋出现产权证的问题，应出具相关证明：第一种，无产权证的，由产权单位的上级或房产证发放单位在"需要证明情况"栏内说明情况并盖章确认，地处农村地区的也可由当地政府在"需要证明情况"栏内签署同意在该地点从事经营的意见，并加盖公章；第二种，产权属于军队房产的，应提交加盖中国人民解放军房地产管理局专用章的"军队房地产租赁许可证"复印件；第三种，房屋属于新购置的商品房还未办理产权登记的，应提交由购房人签字或购房单位盖章的购房合同复印件以及加盖房地产开发商公章的预售房许可证、房屋竣工验收证明的复印件；第四种，房屋提供者为经工商行政管理机关核准具有出租经营权的企业，可直接在"房屋提供者证明"栏内加盖公章，同时应出具加盖本企业公章的营业执照复印件，不再要求提供产权证；第五种，将住宅改变为经营性用房的，属城镇房屋的，应提交《登记附表－住所（经营场所）登记表》及所在地居民委员会（或业主委员会）出具的有利害关系的业主同意将住宅改变为经营性用房的证明文件；属非城镇房屋的，应提交当地政府规定的相关证明。公司注册登记后，如果办公场地面临必须变更的情况，一定要到工商登记部门办理相关的程序才能够生效。

为了鼓励大学生创业，政府和各大高校还为大学生提供了各类创业服务和支持。比如创业孵化园、众创空间、创客联盟等，这些平台对大学生创业有很多扶持政策，比如租金限期减免等。入驻创业平台，还能交流到更多资源，实现资源优化配置。所以，我们建议艺术设计专业的大学生创业最好直接入驻这些创业平台。

3. 形成公司章程

公司章程的拟定可以参考并下载工商局网页的"公司章程"模板（样本），

再根据自己创办公司的实际情况拟定、修改并最终确立章程。章程确立之后，交由所有股东签名确认，并署名签字日期，方可生效。

4. 刻私章

刻法人代表和其他股东的私章。

5. 办理验资和验资报告

目前适合大学生创业入资的方式主要还是现金直接入资。选择投入现金直接入资的方式，必须持有现金缴入银行柜台，缴款单位填写"新成立公司名称＋验资产"，同时填写开户银行、缴款人（投资人）姓名等信息，款项来源填写"验资"。若投资人在一人以上，还必须分别填写缴款单。银行在收妥钱款后，会在缴款单回单联盖章，再由投资人至第三方验资机构办理验资证明。出具验资报告是登记营业执照"注册资金"的必要条件，只有通过验资报告的形式，才能向工商局说明自己的出资额以及出资比例。从指定银行入资至会计师事务所验资结束，整个流程一般需要三至五个工作日。

6. 申请营业执照

创办有限责任公司应将《企业设立登记申请书》（内含《企业设立登记申请表》、《单位投资者（单位股东、发起人）名录》、《自然人股东（发起人）、个人独资企业投资人、合伙企业合伙人名录》、《投资者注册资本（注册资金、出资额）缴付情况》、《法定代表人登记表》、《董事会成员、经理、监事任职证明》、《企业住所证明》等表格）、公司章程（提交打印件一份，请全体股东亲笔签字；有法人股东的，要加盖法人单位公章）、法定验资机构出具的验资报告、《企业名称预先核准通知书》及《预核准名称投资人名录表》、股东资格证明、《指定（委托）书》，经营范围涉及前置许可项目的，还应提交有关审批部门的批准文件等资料，上交受理后五个工作日可领取执照。

7. 刻公章

企业印章主要包括公章、财务章、法人代表私章等，申请人需向公安局特行科提供企业营业执照、法定代表人身份证明等相关材料，受理时限一般为五个工作日。申请人在获得公安局特行科审批通过后，方可至指定地点刻制印章，印章刻制一般为两个工作日。

8. 组织机构代码证的办理

申请人需提供营业执照、单位公章、法定代表人身份证明及复印件（非法人单位提交负责人身份证原件及复印件）、公章等相关材料，向市质量技术监督局提出申请，由此办理组织机构代码证书，受理时限为三个工作日。

9. 办理税务登记证书

在领取营业执照30日内，申请人需填写税务登记表进行申报并缴纳税款，同时提供营业执照、企业章程、合同或协议书、银行账号证明、居民身份证明等相关材料至当地税务机关办理税务登记。法人代表和财务负责人须到税务专管员处报到，根据企业实际经营范围办理税种核定，即确定企业是小规模纳税人还是一般纳税人。从事服务行业的申请服务业统一发票，从事商业批发零售的申请商业统一发票，从事特种行业的则申请专用发票。例如，广告行业申请广告业专用发票，运输行业申请货物运输统一发票。

10. 银行账户的开立

申请人在完成上述相关手续的办理之后，凭营业执照正本、税务登记证正本、组织机构代码证正本、公章、财务专用章、法人章以及法人身份证等相关证明材料就近选择一家银行开立企业对公银行账户，即基本账户（可提现金账户），如业务需要也可以在其他银行开立一般账户（转账账户），但基本账户只能开立一个。

基本账户建立之后，申请人可至原验资银行处办理验资户销户。

二、组建团队

让艺术设计公司顺利运营有三个要素：一是设计优势，二是业务拓展，三是团队的培养。其中团队最为重要。设计优势、业务拓展都会受到团队的影响。一个能在竞争激烈的创业浪潮中站稳脚跟的公司，首先一定得有一个无坚不摧的团队。

（一）室内装饰公司的团队配置

装饰公司的初创团队不需要很多人员配置，大致需要1~2名设计师、1~

2 名市场营销员、1~3 个工程施工项目经理即可。

设计师的作用在于设计层面的谈判，进行订单的签订。初创公司选择设计师可以考虑挖掘其他装饰公司的绘图员（设计师助理），也可以招聘 1 名有工作经验的设计师进行领衔设计，其他设计师的要求不用太高，有行业人脉资源最好。

营销员的作用在于挖掘客户。初创公司只需要 1~2 个市场营销员进行电话销售即可。人员的选择上，可以选择熟手，也可以选择生手，只要言谈得当、口齿清楚即可。以电话销售为主的营销成本低、见效快、耗时短，是首选的一种营销方式。

项目经理的作用在于工程施工，同时所有的利润、薪资及提成都依托于项目经理的工程阶段。初创装饰公司只需要 1~3 名项目经理即可，项目经理手下有施工团队。

随着公司的发展壮大，部门必然分化分工，就会构架出相关职能部门，分别为四大核心板块：一是设计部，设计部的设计师类别包括硬装设计师、软装设计师、风水设计师、产品设计师、水电工程师等，或者根据能力及产值区分为导师设计师、主任设计师、实习设计师（首席设计师或者设计总监等）；二是营销部，营销部的范围比较广，包括市场部、商务部、网销部、物业公关等一切有关市场活动的职能部门；三是工程部，工程是家装的第三组织要素，包括六大核心工组、质检部门等，行使形象包装、质量监管、工程派遣等职能；四为后勤部，包括财务部、企划部、研发部等，也开展前台接待、展会布置等相关工作。

（二）婚庆公司的团队配置

由于婚礼庆典需要现场实景布置，因此婚庆公司需要的人员相对其他设计公司要多一些。婚庆公司的团队一般分为两大类，一是设计团队，二是执行团队。

设计团队首先需要一个专案策划员，也就是我们常说的婚礼策划师。婚礼主策划师（或婚礼顾问）是设计服务团队的核心，为婚礼进行宏观规划，为新人提供专属于自己的婚礼设计，并合理调控婚礼当天的规划及安排，协调婚礼后续工作，所以，婚礼顾问必须用自己扎实的专业功底和较高的设计水平带领设计服务团队设计出好的创意作品。其次，设计团队还需要一名文案创意员，文案创意员是设计团队中的创意中心，其工作职责是根据新人的要求提出婚礼主题设计方案，通过会场布置、婚礼环节、视频、音乐等表现出新人的婚礼梦想，针对每一对新人的爱情故事，量身定制出各种MV脚本，如成长历程、感恩父母、爱情火花等等，除此之外还要为新人撰写各种文案，如婚礼主持稿、新人发言稿、嘉宾讲话稿等。另外，设计团队还需要一名综合设计师，综合设计师的工作包括舞台效果、会场包装、各式亮点道具、新人主题LOGO、请柬、桌卡、糖盒、花艺造型等视觉设计。

执行团队的人员包括婚礼主持人、婚礼助理员、婚礼化妆师、婚礼摄像师等。婚礼主持人是婚礼仪式现场的核心。婚礼现场气氛的好坏全由他掌控。婚礼助理员的职责在于控制婚礼当天的流程以及应对婚礼当天的突发状况，为新人执行好现场每一个婚礼细节，完成仪式中开关灯、撒花瓣、放投影、接捧花等繁琐环节，让整个婚礼井井有条地顺利进行。婚礼化妆师是新娘的魔术师，她要把新娘变成世界上最漂亮的女人，将新人最魅力的一面展现给嘉宾。婚礼摄像师的主要工作是给出一个整体拍摄方案，还有各台摄像机位的总体安排，如固定机位、跟拍机位、抓拍机位、直播机位等，目标是抓住新人每个甜蜜美好的爱情瞬间，为新人制作专属的婚礼大片。

（三）风景园林公司的团队配置

风景园林设计公司的团队配置大致为主设计师、施工设计师、方案设计师、及实际施工的员工。精英团队的配置能够达到事半功倍的效果。每个设计师各司其职，高效率完成公司所承接的项目。

主设计师是整个公司运营的核心，对整个设计项目进行商务、合同、价格、工期、深度需求等方面的管理，合理安排设计进度、质量和预算，宏观领导整个公司的员工，并引领整个项目的核心创意方向。主设计师一般配有私人助理，帮助打点琐碎的事情。因此，主设计师在整个公司中处于非常重要的地位。主设计师下面还设有两个设计师席位，一个是施工图设计师，另一个是方案设计师。施工图设计师主要负责的工作有结构、土建、植物规划、水电布置等。施工方一般按图施工，所以要求图纸一定要规范，各种图例应当清晰明了；设计时要注意细部，应当预料到施工中可能出现的关键技术问题，应当在图纸上标出。方案设计师的主要工作大多为绘制平面的彩平图、建模、后期制作、排版等。

除了设计师之外，公司还应配备财务人员进行报税、做账等相关的工作。

（四）摄影摄像公司的团队配置

摄影摄像公司比较常见的是拍摄婚纱照和艺术照的公司。这类公司需要的成员的特点是比较独立。首先必须有两名以上具有丰富拍摄经验的摄影师，摄影师可以带助理，帮助他打理拍摄过程中的琐碎杂事；其次需要一名以上后期制作设计师，专业的后期制作人员是成片质量的保障；最后还需要一个专业的营销团队，这个团队可以保障公司的业务来源。上述三个团队的核心成员必须拥有凝聚力。团队优势就是增强公司在市场中的竞争力，同时将业务拓展得更为广阔。作为成功的团队，一般都有一定的知名度，即品牌价值和自己作品的市场认可度，这样对于市场推广、吸引客户有很大好处。

（五）广告设计公司的团队配置

如果是零经验创业，在组建团队时最保险的办法是找一个有工作经验的熟手给大家带路，这样可以少走很多弯路。针对广告制作业务，公司团队在结构配置上应该是：由一个总经理分管五个部门，这五个部门分别为平面设计部、业务部、制作部、行政部、财务部。总经理代表公司的核心价值，制定公司的发展方向、目标、策略、制度；组织联系各部门，确保工作顺畅，发挥团队精神，带动创意灵感，解决日常各种问题。其他各个部门需要以下几种人才：平面设计部需要几名设计人员，负责公司的内外所有排版和设计工作，比如 DM 海报、特价海报和商场超市的美陈、活动用的美陈等，根据客户需求和市场调研情况对广告业务进行创意设计，制作生产出符合客户要求的业务产品；制作部的人员负责广告成品的制作与安装；业务部人员的主要工作是负责联系 DM 海报业务以及外部市场的店庆、开业典礼等活动业务；行政部主要是建立公司的相关制度、考核公司内部人员并进行部门的协调工作；财务部主要是进行员工工资的发放和公司内部财务的管理，如材料采购、资金结算等工作。

三、选择场地

（一）室内装饰设计公司的场地选择

初创公司的选址可以根据具体情况而定：如果倾向于客流量大的地方，想进行街展活动，可以在主城区或主城新区选择某一个商业中心地带设置店面开展装饰活动业务，商业店面的优势在于人流量大、咨询方便，可从中寻求客户，劣势是遇到的客源分散，资金成本投入大；如果倾向于落地式的装饰设计服务，可以选择某一个楼盘，在其小区内设置店面进行装饰设计宣传活动，这种方式的局限性在于只服务于一个或者附近几个小区，但好处是在本小区的业务占有率高，且对于初创公司来说投入的成本相对较低。

公司一旦选址设点，则店面的装饰很重要。随着装饰行业的发展，业主逐渐开始要求明白消费、体验消费。建议公司店面内的设置除了要满足办公需要外，还要融入基装6大工序展示、28种辅料展示、13种主材展示，目的是让到店咨询的客户可以一边讨论设计方案，一边看工艺、看材料、看主材。公司的一体化展示可以提高客户对公司的信任度，促进业务的开展。在店面空间充裕的情况下，可以开设洽谈区、财务区、展示区、体验区、材料区、产品区，使公司向装修一体化方向发展，进而演变成整装公司，提供"基装+主材+家具家电"一整套服务。

（二）婚庆公司的场地选择

繁华地段、婚姻登记处附近、新楼盘附近都是婚庆公司地址的首选。在进行公司地址的选择时，首先要考虑该地点是否有固定的消费群体，其次要考虑到人群的消费层次，再次要看该地段是否有创造业绩的前景。如果这三方面都调研好了，便可以在合适地段上选择门面。选择门面时要注意，婚庆公司门面的面积不必太大，有30~40平方米即可。门面装饰一定要从客户的角度出发，应考虑到店名会不会吸引顾客，店内的装饰是否具有突出的特点，能够让人们走到你的店面前便有进来咨询的欲望。所以，门面的装修非常重要，一般来说装修要华丽典雅、喜庆热闹，并兼具自己独到的特点，才能吸引消费者的到来。

（三）风景园林设计公司的场地选择

风景园林设计公司对场地面积的需求相对其他公司要大一些，小型的景观公司60~80平方米即可，而大中型景观公司则要求100平方米以上。为了让顾客来到公司就能对公司有一个比较全面的了解，大多数公司会在场地内设置一些景观小品及进行一些简单的模型制作，因此，在布置办公环境的时候，除了根据需要设置办公区、模型制作区、业务洽谈区、会议室等区域外，切记一定要留出一片景观展示区，让顾客通过作品更深层次地了解本公司的专业能力。

（四）摄影摄像公司的场地选择

影楼的选址要看类型，应根据公司业务是面向儿童还是青少年或是成人来选址。儿童和青少年拍艺术照的比较多，而成年人拍婚纱照的比较多。如果影楼面向的客户是儿童或青少年,开设在幼稚园或学校旁边效果会很好,如果面对更多的消费群体是成人,那么繁华商业区是首选,每天逛街经过的消费人群或多或少会对你的店铺留下印象,在需要拍摄照片的时候会很自然地将你的店铺列为他们选择目标。选择繁华商业区的优势是可以省下很多打广告的费用,劣势是房租偏高,但只要房租和利润成正比,就不见得是劣势了。其次是选择影楼一条街的地段,这种地段会让人感觉很专业,只要人们想要拍照,就会第一时间想到影楼一条街来进行选择。这种方式如果后期营销策略得当,会起到事半功倍的效果,而且这种地段的主要优势是房租适中。影楼地址选好后,装修也是非常重要的。好的装修就是广告,很多人会被你的装修吸引进而走进你的店铺进行了解。

(五)广告设计公司的场地选择

首先是地段的选择,除了要考量租金因素以外,还必须要考虑附近是否有潜在广告客户群,例如,可以把场地租赁在写字楼,因为附近有大量的公司客户与普通白领,也可以租赁在商圈,因为附近有广告需求旺盛的商铺聚集,同时也可以在学校或者人流量大、附近有广告需求的小区。

其次是场地大小的选择,广告制作业务一般包含了广告设计与广告制作两个环节,广告设计环节对场地的要求非常低,只需要几十平方米的办公场地,能放下几台电脑就可以满足工作要求;而制作环节则相对复杂一些,设备越多,自然场地需求越大。如果创业初期受限于成本、人力因素,可以先只组建广告设计团队,把制作环节转单给专业的图文制作店,这样便减轻了创业初期在场地、设备和人员上的成本压力。后期公司如果要自己采购设备完成广告制作环节,也可以单独在租金更低的地段租用厂房来安置设备,专门打造制作场地。

最后,在布置办公环境时,必须要有的区域有设计办公区、业务洽谈区、展示区,展示区主要用来展示公司的样品、案例、工艺、材料,如果条件允许的话,还可以布置会议区、成品制作区等。

四、购买设备

(一)室内装饰设计公司的设备购置

硬件设备:高配置计算机 2 台,打印机 1 台,饮水机 1 台,其他办公设备及设施若干。

软件设备：PS 软件、CAD 软件、报价软件、官网注册、微官网、公众号等。
其他：公司图文展示、宣传手册、工地包装系列、期房验收标准、工序验收标准、设计协议样本、工程合同样本等。

（二）婚庆设计公司的设备购置

婚庆公司比较重要的设备首先便是背景。背景包括珩架、背景布、背景装饰。珩架一般都是用水管制作，在选材的时候选择轻一点、比较结实的水管以方便运输和安装。而背景装饰一般含以下几个方面：背景眉头、背景双心、背景写真照片、背景新人字母、背景字、背景灯柱等。背景布一般都是去专业批发布匹的市场上去买，选择布的时候一定要注意是否免烫，还有便是在颜色选择上尽量挑选百搭的颜色，所以粉色、白色是一定要买的，还可以选择烘托主题的紫色、香槟色、蓝色，也可以根据客户需要而定制。

其次，公司还需要一台给客户看图片用的电脑，以及摄像机、照相机、音响设备、干冰机、雪花机、烟雾机、泡泡机等，还要有一些小的配件，如香槟塔、烛台等。

（三）风景园林设计公司的设备购置

环艺景观公司一般需要的设备有：办公桌、电脑桌、绘图桌、高配置计算机、打印机、投影仪、绘图桌、绘图纸、绘图笔等。由于环艺景观在方案设计时会涉及建模与渲染，所以对电脑配置的要求相当高。

（四）摄影公司的设备购置

摄影公司需要一部以上中高端数码单反相机，各种镜头，人像摄影闪光灯不少于 2 个，引闪器一个，电脑若干台，照片级彩喷打印机一台，背景轴一个，背景布 10 张以上，另外还需要测光表、柔光箱、柔光伞、蜂窝罩、聚光罩、摇臂、拍摄台、各种服装、地毯、道具、化妆台、化妆品、相框、相册等。

（五）广告设计公司的设备购置

设计方面所需设备：高配置计算机、投影仪、扫描仪以及手绘表现工具、设计软件等。制作方面所需设备：打印机、传真机、喷绘机、写真机、雕刻机、吸塑机、条幅机、覆膜机、冷裱机、热裱机、彩色旗帜机等。软件配置：一般都会安装 Photoshop、Illustrator、Freehand、CorelDraw 等设计软件，需要注意的是，必须购买正版的字体库和图片素材库，避免将来不必要的版权纠纷。

第三章 玩转室内装饰设计公司

一、装饰设计业务的范围有哪些

随着我国文化和经济的发展,"衣食住行"的传统排名已然"调换顺序",我国居民居住消费的投入增长速度已连续以近30%的幅度递增,也正是由于市场容量之大、发展速度之快,因而室内装饰设计被认为是大有可为的"朝阳行业"。

当下装饰设计业务的涵盖范围越来越广,例如:家居、写字楼、商铺、酒店等的装修设计与施工,涉及设计、施工、材料以及客户服务几个板块。通常将装饰设计业务分为家装和工装。下面以家居装饰设计业务为着手点为大家做简单介绍。

家居装饰设计业务的内容包括:

(1)家装的设计:主要职能是承接设计,包括硬装设计、软装设计、风水设计等。

(2)家装的施工:主要职能是承接工程,包括基装6大核心工种、28种辅料等。

(3)家装的主材:主要职能是主材销售,包括13个品类主材及灯具、洁具、橱柜等。

(4)家装的服务:主要就是提供服务,包括设计服务、工程服务、饰后服务、售后服务等。

针对本行业的初创公司,考虑到初创者的创业资金、创业经验、人脉资源、行业专业素养有限,可选择一些前期人力、物力投入不会过大的业务来积累原始资金,维系公司的基本运营。装饰公司的创立并不难,前期主要考虑的是人力成本投入,基本硬件方面前期投入两个板块。一旦公司成立,需要正常运营,则必须要在建立固定业务渠道的基础上,合作投资一些新项目。

固定业务重在完成质量，要和客户建立长期的信任的关系；另外一定要积累作为自己公司品牌代表的拿得出手的作品，并扩大自己作品的影响力。对于初期创业的公司来讲，可以选择入手较快的大众化的家装基装业务，平均户型面积选择50~120平方米的小中户型即可，其设计质量要求低，整体周期较短，工程施工介入迅速，资金回笼较快。如果以某一个小区为切入点，前期以价格、服务之优势吸引大众化消费群体，中后期以工程质量为亮点进行工地营销，以吸引对工程质量要求较高的业主，还可以通过正在装修的业主介绍新客户，这样就会持续增加公司的客源。另外，在有一定占有率的小区进行广告宣传，以提高知名度。

二、装饰设计业务从哪里寻找客源

（1）上门客户：根据公司广告投放所得来的客户，上门咨询的业主。上门客户是自由散客，对比之心比较强烈。

（2）活动客户：来自于酒店、会所或者街展、致电、发函等应邀而来的客户。

（3）转介客户：由小区的业主介绍业主，或者材料商朋友推荐而来的客户，行业内俗称回头客，此类客户是签单的有力保障。

（4）同行客户：同行的就是各大装饰行业、不同装饰性质的公司所缔结的市场信息互换平台，通过相互交换客户信息、交换户型资料而得来的客户。

（5）物业公关客户：此类客户来自小区的物业推荐，需要从公司层面进行合作洽谈事宜。

（6）工地营销客户：所在小区的业主比较关注自己小区的装饰情况、入住率情况，不定时会到小区观摩邻居的装饰情况，以做对比，这种属于工地散客，也可以通过名单信息邀约客户进行工地参观。

（7）材料商推荐客户：公司的部分材料商，有一定的客户资源。有的客户恰逢建材促销节会去采购材主材，此类客户也是装饰需求的客源。

三、初创公司如何做好"职业锚"定位

（一）了解装饰行业

目前市面上装饰公司的数量多、种类多，独当一面的龙头公司作用并不大。装饰产业相对落后，大多数以游击队为主，粗放型公司管理操作。多数

没有研发机构和研发系统，缺乏战略远见与战略规划，缺乏系统软件开发与应用，诸如缺少户型效果自动生成器。诸多公司很少存在公司的联盟、并购等，仅存在少量的材料商收购局部装饰分公司的案例，诸如居然之家收购元洲装饰。因此，未来装饰公司的发展会有以下几个趋势：

（1）随着家装行业的升级更新和换代，地产商不断地涉足装饰行业，出现了精装房的概念，例如恒大地产，留给装饰公司的只有改装或者软装的部分；又如金科地产，出现了金科装饰与地产的建设、销售、物业一体化。因此，装饰公司的未来发展趋势倾向于与地产结合。

（2）随着地产商建设的多样化发展，别墅的类型也呈现多样性，如独栋、类独栋、双拼、联排、叠拼、底跃、顶跃、花园洋房等，还有小户型的住房大量上市。因此，装饰公司的发展肯定需要定位自己的目标群体。

（3）随着网络的迅速普及，网络装饰咨询平台兴起，比如土巴兔装饰公司，甚至也有跨界加入装饰行业的企业，例如搜房网（本身是作为房地产资讯平台之用）介入装饰行业，开设"房天下装饰"，通过网络咨询、订单，在线下进行实体装饰工程。因此，装饰公司的发展应结合互联网，走互联网+的道路。

（4）随着业主需求的多样性发展，装饰公司从原来的粗放型私单转换为半包、整包，再到现在的整装，甚至向集成化的装饰方向发展。典型的整装公司有天地合装饰、乐尚装饰、金蜜蜂等，高端整装有华浔品味装饰等。整装的概念也在变化，由套餐整装转换为整装服务。整装公司是给有整装需求的、有钱但没有时间的客户提供服务。因此，装饰公司的发展必然要定位客户需求，量身定制。

（5）随着地产行业的饱和度，一线城市的房产业开发趋于缓慢，地产商向二、三线城市发展，甚至向区县进军。所以，未来装饰公司开拓市场也应面向二、三线城市，甚至向区县发展，向城乡结合部发展，以寻求相应的市场。

目前，装饰公司根据业务性质分为发包、转包制公司，项目经理制公司，不发包、不转包的监理公司以及整装公司、半包公司等。公司应根据自己的优势及行业趋势进行自身定位。

（二）初创公司的前期业务如何定向

面对竞争激烈的装饰市场，初创公司想要占有一席之地，需要把握以下大致方针：

（1）初创公司需选择发包制、转包制进行工程消化，避免工程的庞大体系在时间和资金上拖垮公司。

（2）初创公司最好定位小区开展装饰活动，不要过度向商业中心开展业务，避免后续资金跟不上。

（3）初创公司定位二、三线城市比较好，相对于趋近饱和的主城市场竞争力较小，也可在主城区的边缘地带定位市场。

（4）初创公司开展业务可从半包形式入手，不要过多涉猎整装，毕竟主材的材料供应商对小公司的支持力量不够，但可以选择局部材料整合。

（5）初创公司的客户定位尽量选择中低端的消费人群，小工程容易做好，不可贪图所谓的大单大手笔。小工程是检验初创公司的员工队伍、工程质量、服务体系的第一道必过关卡。

（6）初创公司的核心竞争力是价格、服务、质量，公司不必高大上，只需要定位于刚性需求即可。

（7）初创公司对首套工程应进行一定程度的推广、宣传，扩大在当前小区的良好口碑效应，设法得到当前业主介绍的客户的认可，以提高知名度。

（8）初创公司承接业务之前，营销人员应进行小区考察、业态分析、价格分析、入住率分析、装饰率分析，设计人员应进行当前小区户型的优缺点分析、设计预案的筹备等。

（三）初创公司如何承接业务

初创公司承接业务的方式有很多，第一种是熟人介绍，第二种是做好自媒体。随着社会的发展，自媒体是一种比较好的方式，写一些业务介绍文章，发表自己的看法，上传一些公司的具体业务成果，并在自己的作品中展现出自己独特的设计理念，这是一种比较快捷的宣传方式。其次还可以通过朋友圈或者微信群，吸引粉丝围观，然后不断更新；还可以邀请业主参与互动，并让业主帮助转发，这样他的朋友也可以直接看到你的信息，这种方式是通过分享装修过程和互动来吸引和积累客户源。

另外，还可以通过一些设计网站，如猪八戒网来寻找一些比较低端的案子，或者在淘宝网上开设一个网店以寻求客源。

四、设计及营销实务

下面我们将以装饰公司的实际项目，即某一户型的设计研发过程为例来说明。

（一）设计流程

以下是本设计项目的实施流程：

（1）营销部门同业主的沟通（灌输公司优势，推荐设计师，初步了解客户需求，预约时间见面，筹备户型资料等）。

（2）业主到店面洽谈（介绍公司情况，实物展示，较深层次的对话以了解需求等）。

（3）设计师出面（业务详细情况反馈，设计师根据需求做定制方案，展现个人的专业能力及素养，营销居家蓝图与设计方案等）。

（4）订单后的筹备（约定时间现场量房：测量具体尺寸数据，结构构造，水电管道，承重情况，空间可扩展情况；收集现场数据即可进行电脑制图，设计创意方案，出效果图等，并探讨设计方案的可行性、整体效果等）。

（5）方案洽谈（初步方案形成，邀约客户洽谈，确定方案，补齐设计费）。

（6）报价预算（设计方案已定，进行价格预算，明细工程项目）。

（7）合同签订。

（二）设计说明

本案业主房屋位于重庆龙头寺公园附近，装修面积为：123平方米。户型：3室2厅2卫。地理位置优越。业主家的男主人是沁园房产销售人员，女主人是全职太太。他们有一个活泼可爱的男孩。之前他们曾经预定了其他装饰公司，不是特别满意，后来经过营销人员进行全方位的沟通，如讨论价格、质量等，最终被本公司人员约至公司的活动现场面谈。委派AA设计师进行洽谈，业主喜欢该设计师对空间做的改动、硬装设计以及居家理念，最终被AA设计师的设计理念征服，对本公司的施工工艺也满意。从设计师的角度来说，通过沟通了解到夫妻喜欢灰色，不喜欢繁复多余的装饰，房间的使用功能要尽可能强大。对此公司重新做了规划，在满足收纳和使用功能的基础上，在客厅和卧室之间做了动、静的弹性区划，满足业主在不同时间对空间的不同需求。为了中和灰色调，设计师采用了一些橡木、榆木和棉麻材料，让空间增加一些暖色调，在采用少量元素的基础上塑造出低调、内敛、静逸的生活空间。最后在装修材料上初步确认为木饰面、烤漆板、地砖、地板、烤漆玻璃、硬包、实木家具。

(三）如何进行本案客户的邀约

本案业主是通过电话营销联系上的，通过几次沟通得知此业主曾经参加过其他装饰公司的活动，已预订装饰业务。作为另一个同行竞争业务员，针对刚需客户，首先无须过多宣传自身的优势，而应像朋友一样给予恰当的建议，通过"晓之以理、动之以情、驱之以利、取之以礼"，不断地深入诱导业主，进而增加信任感、得到认可。

（1）打消业主的顾虑：白哥，您好！正因为您已经签订了装修合同，所以我才想给您一些建议。您不要有什么顾虑，钱在您手里，没有谁能够强迫您去选择。也许您之前签订合同时过于匆忙，请您再看看另外一家装饰公司的设计，可以吸取众家之长，帮助您做最好的抉择。

（2）顺势推出优势：感谢白哥及家人的如期莅临，我们会为您推荐一位优秀的设计师，不会让您白跑一趟。设计预案是针对您所在户型定制的方案，只需要您告知您家的长住人口、功能需求、格调倾向即可。另外，我公司与别的家装饰公司相比具有明显优势，比如，管理体制有×××不同的地方，发包和不发包有哪些弊端等……当然，本周末的活动肯定是有见面礼相送的，不会让您及家人白跑一趟。

（3）包装设计师：如果业主白先生已经有了想要进一步了解的想法，肯定会预约时间见面。见面后，由包装设计师出面，以个人能力、设计理念、个人素养、作品案例入手进行讲解和沟通。

（四）如何针对本案客户进行营销工作

本案客户莅临店面，公司的营销人员将对客户全面、细致地介绍公司的设计水平、施工工艺、验收标准、公司管理体制、服务体系等，并带领客户参观公司的情景展示厅（智能家居，影音视厅，主材配比，软装搭配，施工工艺，28种辅料，365道工序，服务流程，工程款项等），同时进行互动，深度了解本客户的弱点、顾虑点、需求点、侧重点、价格档次等，并将这些信息传达给设计师进行预估，讨论出初步方案。总之，只要让客户对公司的质量、工艺、价位、材料都有了全面的认识并认可，感到耳目一新，营销就达到了目的。

（五）如何让本案客户进入签单流程

面对已有意向的客户，最后的签单需要公司的负责人出面做出承诺后方可敲定。一旦签订了设计协议,一周之内必须约定时间到现场量房,防止客户退单。设计师相约到达现场后,应测量房间的具体尺寸,了解房屋结构构造、水电管道、承重情况和空间可扩展情况,最后将收集的现场数据输入电脑进行电脑制图,设计初步创意方案,出效果图等。接下来第二次或第三次碰面就会进入洽谈预算的程序。

(六)如何让本案客户进行工程付款

在一周或者半个月的时间内,设计方案以及效果图必须出来。随后约见客户进行方案的敲定。方案的确定需要业主在每一个设计图纸及每页合同报价上签字确认。一旦方案确定就应让客户补齐设计费或者预付工程款。按照正常的工程进度,一般工程的款项分为四期款:一期款40%,此款项是市场家装顾问的提点款项,也是工程施工人员配置工人进场的款项;二期款40%,此款项是水电完工后的工程款项;三期款15%,此款项为木作完工后的款项;四期款5%,此款项为业主验收押付的尾款,验收合格后即可支付。

(七)如何针对本案客户进行主材预订

随着工程的进展,需要陪同业主按照设计方案选购主材。主材的代购协议在方案认定的情况下即可签订。主材的销售由设计师与主材专员配合完成(初创公司可以由设计师一人来完成),为了达到设计效果,业主一般会听从设计师的建议和推荐,所以设计师的角色非常重要。

五、工程施工实务

下面以实际案例详细介绍家装工程的施工过程。

工程施工流程如下:1.合同的签订(合同款四期款项,工程进度表,产品进度表拟定,人员配置到位)→2.工地进场(工地的形象包装,举办开工仪式,工程交底,工程设备安置)→3.核心工序(水工、电工、泥工、木工、漆工、瓦工等工种施工以及每道工序验收)→4.衔接主材进场(灯具、洁具、地砖、地板、橱柜等13品类的主材)→5.工程收尾(拓荒清洁、竣工验收、尾款结算、竣工仪式等)→6.售后服务(工程饰后服务、主材售后服务、定期回访等)。

（一）本案装饰工程的施工工序

装修工程的施工工序可以分为：设计、施工、安装和收尾四大环节。细分为：前期设计、结构拆改、水电改造、木工工程、瓷砖工程、刷墙面漆、厨卫吊顶、选购热水器、安装木门、橱柜、烟机灶、铺地板、贴壁纸、安装开关插座、选购灯具、五金洁具、窗帘杆、后期保洁、家具进场、家电安装、家居配饰。

（二）本案装饰工程的施工环节

1. 前期设计

进行一次详细的测量，测量的内容主要包括：

（1）明确装修过程涉及的面积，特别是贴瓷砖面积、墙面漆面积、壁纸面积、地板面积。

（2）明确主要墙面尺寸，特别是以后需要设计摆放家具的墙面尺寸。

开工之前不要忘记去物业管理处办理开工手续，交纳装修押金。

2. 主体拆改

进入到施工阶段，主体拆改是最先上的一个项目，主要包括拆墙、砌墙、铲墙皮、换塑钢窗等。

3. 水电改造

主体结构拆改基本完成之后，就可以开始水电线路的改造。

在水电改造和主体拆改这两个环节之间，还应该进行橱柜的第一次测量，其实橱柜的第一次测量并没有什么实际内容，因为墙面和地面都没有处理，橱柜设计师不可能给出具体的设计尺寸，只是就开发商预留的上水口、油烟机插座的位置提出一些相关建议。主要包括：油烟机插座的位置是否影响以后油烟机的安装；水表的位置是否合适；上水口的位置是否便于以后安装水槽。

水路改造完成之后，紧接着应把卫生间的防水做了。有些业主一直认为装修开始之前，一些主料应该事先进场。实际上，除非是主体拆改需要用的主料，否则，诸如瓷砖、大芯板等主料的进场时间应该在水电改造完成之后。

因为电路改造如果涉及地面开槽的话，瓷砖、大芯板码放的位置不当，工人搬来搬去很是麻烦，也容易破损，在此提醒注意。

4. 木工

木工、瓦工、油工是施工环节的"三兄弟"，基本出场顺序是：木→瓦→油。基本出场原则是——谁脏谁先上。"谁脏谁先上"也是决定家装顺序的一个基本原则之一，其实像包立管、做装饰吊顶、贴石膏线之类的木工活，从某种意义上来说也可以作为主体拆改的一个环节来考虑，本身和水电线路改造并不冲突，有时候还需要相互配合，比如，如果准备做假墙的话，就要考虑假墙上是否有水电线路，如果有的话，应该让水电工人预埋管。

5. 贴砖

如果工人周转得开的话，工长一般会在"木工老大"还没有结束的时候就让"瓦工老二"进场贴砖。因为木工和瓦工的工作并不冲突。在"瓦工老二"作业的过程中，还涉及以下两个环节的安装：

（1）过门石、大理石窗台的安装。过门石的安装可以和铺地砖一起完成，也可以在铺地砖之后，大理石窗台的安装一般在窗套做好之后，安装大理石的工人会准备玻璃胶，安装完成后把大理石和窗套用玻璃胶封住。

（2）地漏的安装。地漏是家装五金件中第一个出场的，因为它要和地砖共同配合安装，所以，在购买建材的时候，首先应将地漏买好。"瓦工老二"离场后，就可以约橱柜人员进行第二次测量了。准确地说，在厨房的墙、地砖贴完之后，就可以约橱柜人员进行第二次测量。

6. 刷墙面漆

"油工老三"进场，主要完成墙面的基层处理、刷面漆，给"木工老大"做的家具上漆等工作。

准备贴壁纸的业主，只需要让"油工老三"在计划贴壁纸的墙面做基层处理就可以了。至于是否要做一遍面漆，从很多装修的经验来看，做一遍面漆的意义不大，因为后面的操作都比刷漆要干净些。

当"老大""老二""老三"相继离场之后，很多业主会认为房子的装修工程快结束了。其实按照装修工序来说，工程才完成了不到三分之一。大家之所以有这种感觉，是因为人们普遍理解的装修只是装修的"施工环节"，其实装修的"安装环节"是装修的重头所在。

如果说"设计环节"是把未来家的样子"构想"出来的话,那么"施工环节"就是把家"包装"一下,而"置备"家当就是家的"安装环节"。

7. 热水器安装

墙面、地面装修完毕后,即可通知热水器送货。热水器安装一般在吊顶安装之前。燃气热水器一般安装在厨房或者封闭式阳台上,如果是电热水器,则安装在卫生间里。

8. 厨卫吊顶

热水器安装完成后,下一步就是吊顶。

厨卫吊顶作为安装环节,是对家的"包装"环节的延续,在厨卫吊顶的同时,厨卫的防潮吸顶灯、排风扇(浴霸)也要开始安装,一般都是厨卫吸顶灯、排风扇(浴霸)同时安装好。建议面积较小的家庭不要安装太复杂的吊顶,否则会让空间显得更加狭小。

9. 橱柜安装

吊顶结束后,就可以约橱柜人员上门安装了,同时安装的还有水槽(可以不包括上下水器件)和煤气灶,橱柜安装之前最好协调物业把煤气通了,因为煤气灶装好之后需要试气。

10. 烟机灶具安装

烟机灶具安装最好能和橱柜安装安排在同一天,方便双方师傅协调烟机灶具的安装位置。

11. 木门安装

在橱柜安装好后的第二天(早在一个多月之前木门测量就应该完成),可以约木门师傅来安装了。装门的同时要安装的合页、门锁、地吸。实木门的制作周期一般为一个月,所以,为了让工期衔接紧密,要在主体拆改完成之后尽早让木门厂家上门对门洞尺寸进行测量。关于门洞的处理,大家需要注意一点,如果家里门洞的高度不一致,则需要让工人处理成等高,这样会比较好看。

12. 地板安装

在木门安装好后的第二天,就可以安装地板了,需要注意以下几个问题:

（1）地板安装之前，应让地板厂家上门勘测地面是否需要找平或局部找平。

（2）地板安装之前，铺装地板的地面要清扫干净，要保证地面的干燥，在清扫过程中不要洒水。

13．铺贴壁纸

在地板安装好后的第二天，将工地收拾干净后，就可以约壁纸人员来铺贴。铺贴壁纸之前，墙面上要尽量做到"什么都不要有"。顺利的话，一天的时间就可以完成。有条件的话，在铺贴壁纸的当天，应对地板做一下保护。没做保护也没关系，可让保洁人员把地板上遗留的杂物清理干净。

14．开关插座的安装

在卫生间里，所有插座和开关都必须是防水的，插座要带盖子。入口处的电灯开关，建议使用感应型或者荧光型。开关插座宁愿多也不要少，因为，家用电器一般会越来越多，一旦有了新的电器却没有插座时，要想再安装就难了。

15．灯具的安装

在装灯具时，应与业主商量而定。如果装上分控开关，可以省去很多烦恼，因为如果只有一个总开关，几盏灯同时开、关，就不能选择光线的明暗，也会浪费电能，而装上分控开关可以随时根据需要选择开几盏灯。如果房屋进门处有过道，在过道的末端最好也安装一个开关，这样进门后就能直接关掉电源，而不需要再走回门口关灯。

16．五金洁具的安装

五金洁具包括上下水管件、卫浴挂件、马桶、晾衣架等等，一并都装上。等到灯具、五金洁具都安装好了之后，家里的格局就基本成形了。

17．窗帘杆的安装

窗帘杆的安装标志着本案家装基本结束。忙得昏天黑地的装修日子终于可以结束了。

18．保洁打扫

在拓荒保洁之前，不要装窗帘。打扫时，家里不要有家具和不必要的家电，要尽量保持更多的"平面"，以便能够彻底地清扫。

19. 家具进场

关于本案家具购买的时间，建议最早也要在水电线路改造完成之后，这样，对选择的家具的基本尺寸范围才会心里有数。如果在装修还没开始之前就急着把家具订了，可能会出现尺寸不符的情况，不过可以先把家具的大致风格定下来。

20. 家电进场

到此家电该进场的进场、该安装的安装，之后就可以交与业主了！

21. 家居配饰

家居配饰是家装的最后一步，此时装修转为装饰了，包括窗帘的安装都属于家居配饰环节。当然，买窗帘及一些绿色植物、挂墙画、摆设工艺品等，应全权交与业主自己打理。

一般情况下，入住之前，应先测量甲醛是否超标，应开窗通风、除甲醛等。

（三）本案装修过程的归纳与划分

通过上面的介绍大家已经对装修步骤有了初步了解，对此做以下总结：

办理开工手续→自行测量→前期设计→主体拆改→木门厂家上门测量→橱柜第一次测量→水电改造→卫生间防水→主料进场→木工→贴砖（安装窗台、地漏）→淋浴隔断量尺寸→橱柜第二次测量→刷墙面漆→厨卫吊顶→通煤气→橱柜安装（同时安装水槽、煤气灶）→木门安装→地板安装→铺贴壁纸→开关插座安装→灯具安装→五金洁具安装→窗帘杆安装→保洁→家具进场→家电安装→家居配饰→入住。

按照工程特点，装修的全过程也可以分为以下六步：

第一步：设计思路。

第二步：主体拆改。

第三步：隐蔽工程。

第四步：覆盖工程。

第五步：安装阶段。

第六步：收尾阶段。

第四章　玩转婚庆设计公司

一、婚庆公司行业的现状分析

结婚是人生最重要的事情之一，婚礼是全世界都高度认可的特色礼仪，我国婚俗文化作为中华传统文化的重要符号，具有民族性、地域性的特点，随着社会的发展和时代的进步，我国婚俗文化已具有国际性，中、西婚礼文化经常交汇和融合，也促使新人消费者对婚礼的要求不断攀升，这是我国婚庆行业发展的契机。

随着社会的不断进步与发展，婚庆行业成为目前我国发展最迅速的朝阳产业之一，其在国内的火爆程度让人瞠目结舌。尤其是上海婚庆协会的成立，标志着我国婚庆行业已朝着专业化、正规化的方向发展。由于婚庆公司是为即将喜结连理的新人们提供的专业婚礼服务，所以其配套产业也随着婚庆产业的发展而日趋成熟，如床上用品、家电、家具、室内装修、汽车、银行保险、房地产、摄影摄像、珠宝首饰、婚礼服饰、金融、旅游、母婴，等等，这些相关的行业与婚庆公司一起形成庞大的婚庆产业链，显示出巨大的商机，为创业人士提供了众多机会，并成为推动社会经济持续发展的重要力量。例如，婚庆行业与旅游行业的紧密协作，积极引导婚庆产业市场与旅游产业的融合发展，不仅为众多新人提供了"与众不同"的个性化的时尚婚礼，也能够促进旅游产业和婚庆产业的多元化同步发展。

但是，由于婚庆行业市场的发展速度过快，市场环境并没有统一的规范和相应的制度。所以，婚庆行业有一些待解决和完善的问题。

（一）市场环境较"混乱"

如今的婚庆市场鱼龙混杂，乱象丛生。比如婚庆培训市场就比较混乱，部分婚庆培训机构根本不具备相应的资质，很多婚庆公司盲目派人参加培训，导致上当受骗。所以，应理性地选择有培训资质的、有多年婚庆行业技能培训经验、真正有实力和良好声誉的正规专业技能培训机构。另外，由于客户群体的不协调和不对称性，市场的同质化竞争激烈，导致婚庆公司的配套服务品质下降，如酒店、家装、旅游等。婚庆市场格局面临重新定位和洗牌。

（二）市场遭遇瓶颈

当今社会，由于忙碌的工作和生活，逐渐形成了快餐式的消费链。在这个节奏过快的社会中，每个人的独立意识都很强，不婚族越来越多，并且随着我国人口红利的消失，婚庆公司接单难已成普遍现象，导致婚庆市场的竞争越发激烈。婚庆公司该何去何从，是值得行业人士深思的一个问题。

（三）传统市场与新型时代的冲击

如今，我们已跨入"互联网+"的时代，跨界、整合、信息化、在线化、大数据化等方式和手段为婚庆公司注入了新鲜的血液，赋予了婚庆行业新的发展思维。传统的婚庆市场规则被打破，新型的婚庆公司以更加个性、更加具有服务意识，定制化服务逐渐占据传统婚庆服务公司的市场。而且，随着人们生活水平的不断提高，新人对婚庆公司的选择更加理性。越来越多的新人有自己的想法和选择。所以，婚庆公司必须要了解婚庆发展的新动向，认清中国婚庆行业的现代格局，使婚庆公司随着社会的发展逐渐以多样化、便利化、精细化、品质化、网络化和产业化向跨行业、多业态的产业方向发展。

（四）品牌竞争时代

在婚庆产业快速发展的过程中，随着大部分消费者对品牌的认可，婚庆服务开始在品质和层次上出现高低之别。相关企业也越来越注重品牌服务和规模经营，中国婚庆产业经过几十年的高速增长，如今正面临着转型的重要时期，整个行业都在努力跟上各个层次年轻人的审美观念，注重个性、创意和时尚等典型需求，以更多元化的服务开展业务。因此，婚庆行业已经进入了品牌竞争时代。品牌效应是婚庆企业发展的重要旗帜，任何一种产品能在激烈的市场竞争中存活下来，绝对不是因为低廉的价格，而是过硬的品质、超值的性价比和消费者内心的需求。这是品牌效应不可或缺的三个要点。所以，婚庆公司要想在激烈的市场角逐中屹立不倒，首先要致力于品牌建设，其次要建立更贴合消费者需求的品牌内涵，最后还要配套高效的品牌营销服务。提升婚庆公司的品牌价值是现代婚庆公司必须考虑的问题。

二、婚庆公司的发展前景

中国产业研究报告网发布的《2012—2016年中国婚庆市场运营态势及发展前景预测研究报告》中分析了我国婚庆公司的现状和我国婚庆消费市场的走势，也分析了我国婚庆公司发展的前景。目前，我国的婚礼服务行业仍然停留在初级发展阶段，婚庆企业在市场历练中也逐步走向成熟。2017年出现了婚庆企业挂牌上市的现象，中国婚庆产业将进入优胜劣汰的调整期和优化配置的发展期，一批劣质经营、违规经营、粗暴经营、投机经营、失信经营的婚庆企业将被淘汰出局。对不遵守行业规则、侵害消费者权益的经营者逐步淘汰，真正实现婚庆服务及相关婚庆产业的健康发展。

要想婚庆公司有一个好的前景和未来，首先是要做到资源整合。如今的婚庆行业已迎来"上市"潮，上市公司涉及的主营业务有：地产、家纺、白酒、家居、园林、旅游、婚恋以及互联网消费。婚庆市场万亿元的规模吸引了越来越多的资本投入其中。其次，婚庆公司要打造可持续的综合性的婚庆服务平台，比如，关于婚庆方面的APP，这样既降低了成本，又提升了效率，也为将来打造婚庆领军品牌铺垫了技术基础。如今越来越多的85、90后新人消费者将婚礼场地选择在户外，让浪漫与自然相融，为婚庆企业提供了新的创意空间。另外，时尚感十足、具有国际流行趋势的主题婚礼也深受85、90后年轻一代的喜爱，这也要求婚庆行业从业者应具备国际流行的、独到的审美观，才能提升和创新婚礼服务产品。再次，由于西式婚礼文化的引进和流行，传统婚礼及传统婚礼礼仪有被边缘化的可能，这也需要婚庆从业者打造并推出全新的适合国人的中国式婚礼，将中国传统婚礼文化以时尚的方式传承发扬下去。所以，要推出个性化的婚礼，让每一对新人都能个性化定制专属于自己的理想婚礼，摆脱千篇一律的商业化、模块化的婚庆服务，让婚庆回归服务行业的本质。

还有，婚庆企业可以借力互联网平台，开展线上与线下同步进行的经营模式，扩大企业在婚庆市场的影响力，提高服务水平，打破信息不对称，增强用户的信任度，建立自身在市场中的地位。但也不能只依托于互联网平台，没有实体依托的互联网婚庆公司很快就会因为品牌吸引力不够而被淘汰。最后要强调的是，要提高婚庆从业人员的专业素养，提高婚庆服务的整体水平，优胜劣汰，净化市场。

随着社会的发展，婚庆产业必将成为一个充满生机的、规范的、具有广泛影响力的产业。婚庆产业的发展对于促进广大人民群众的精神文化生活必将起到重要作用。业内人士都称婚庆行业为朝阳行业，事实的确如此。与许多其他行业不同，婚庆行业往往具有地方性，且大多为小公司。在婚庆行业占据主导地位并且提供所有相关服务的巨型公司寥寥无几。然而，一场成功的婚礼需要许多具有不同专长的公司通力协作。所以，婚庆行业产业链规模很大，为许多创业者及小企业提供了机会和发展空间。

三、如何寻找客源

婚庆公司要想有效地发展和拓展业务，一定要找准客户群体，首先要知道在哪里发广告才能让公司的目标客户看到，即要针对目标人群所在的区域去营销，才会有源源不断的订单。婚庆公司的客户群体是刚刚喜结连理的新人，这部分人群集中活动的地方就是你要去做广告的地方。寻找客源的方式有以下几种。

（一）洽谈合作

去民政局、酒店、婚纱店去洽谈合作。民政局、酒店和婚纱店都是新人必去的地方，可以和这些地方一起合作，积累原始客源。

（二）发传单

去民政局、婚纱店的门前发传单，也可以在婚姻登记处附近打上比较明显的户外广告，或者在商业街比较繁华的地段发传单。

（三）网络直播

进行婚礼直播！如今最火的就是网络直播，你可以用网络直播的方式为公司的品牌进行推广，增加优惠活动的周知率。

（四）自媒体

还有一种推广方式就是让公司建立自媒体，通过企业微博、微信公众号、企业博客等一些有影响力的平台注册自己的自媒体，保持内容更新，这样能加强与老顾客的联系并吸引新的客户，建立公信力，有利于口碑直销。自媒体的文案写作很重要，要能够吸引用户的关注，能够让用户对公司有一定的认识和了解。

（五）门户、行业网站推广

在行业网站上发布服务信息或是参与行业的活动，不但可以提高自己的知名度，还能带给人们带来良好的印象。比如，百度网是全球最大的中文搜索引擎，每天都会有很多人在百度上搜索有关婚庆方面的信息。可根据关联词和地域来投放广告，让人们有兴趣点击进入公司的网站，起到宣传推广的作用。百度的其他产品也是很好的推广渠道，如百度百科、贴吧等，合理利用这些百度产品来进行推广，效果很好。

（六）论坛推广

在相关行业的网络论坛上做宣传，尤其是本地的网络论坛。找到独特的切入点，巧妙地推广自己的产品，切记不能让潜在顾客产生反感心理。在论坛里积极与会员交流，不但能知道潜在顾客真正需要什么，也能帮助公司建立良好的品牌形象。

四、如何开展婚庆公司的业务

婚庆公司的工作流程大致分为以下几个步骤：
接待→洽谈→签合同（收订金）→现场策划→准备工作→布场→现场配合→后期工作。

（一）接待工作

当客户上门来咨询的时候，一定要做好接待服务工作。婚庆公司的服务人员应按照客户的需求让相应的工作人员前来洽谈。如价格、样片、流程等具体介绍，可以配备相应的婚礼策划师前来进行专业的介绍。

（二）洽谈

洽谈也就是和客户进行谈判，这一个步骤是最重要的。如果洽谈得好的话，业务就算承接到自己手里了，如果洽谈得不好，就丢失了一个业务。所以，能否承接到业务，这一步至关重要。那么在进行业务洽谈的时候，应注意哪几个问题呢？

1. 如何让员工们积极工作

想要让员工们积极工作，首先应将员工的业绩与其工资挂钩。参见下表所示：

职 位	提成形式
婚礼顾问	月销售（当月订金+前月尾款）1万元及以下按 1%提成；1万元以上2万元以下按超出部分的1.5%提成；2万元以上3万元以下按超出部分的2%提成；3万元以上 4 万元以下按超出部分的2.5%提成；4万元以上按超出部分的3%提成
会场策划师	每次会场布置提成20元；每次花车精扎提成 20 元，例如：某日参加2次会场、2次花车精扎，当日应提成80元
花艺师	每次会场布置提成20元；每次花车精扎提成 20 元，例如：某日参加2次会场、2次花车精扎，当日应提成80元
化妆师	每次会场布置提成20元；每次花车精扎提成 20 元，例如：某日参加2次会场、2次花车精扎，当日应提成80元；另外，每次化妆提成60元，跟妆提成80元

2. 谈判技巧

婚庆公司要承接业务，必须有较为优秀的谈判员。而婚礼策划师往往担任谈判员一角。谈判员在做决策的时候非常需要勇气和智慧，在进行婚礼业务谈判的时候，有以下几种谈判方法可供借鉴。

（1）拆分法。将整个婚庆产品进行拆分，变为各个部分，再一部分一部分地进行解说，让顾客感觉每一部分都在他能接受的价格范围内，再将所有产品合起来，就能让顾客接受。

（2）性价比。要让顾客了解到公司产品的性价比。顾客都喜欢买性价比较高的东西，所以要抓住顾客的心理，在产品质量和价格优势上进行宣传。例如："这个产品你可以用多少年呢？按××年计算，××月××星期，实际每天的投资是多少，你每花××钱，就可获得这个产品，值！"，你也可以用打比喻的方式推出自己的产品，例如："先生/女士，您买衣服的时候肯定也会挑选品质吧。买一般服装只能穿××天，而买名牌可以穿××天，用平均到每一天的价值来比较，买贵的名牌服装显然划算。"这样就能让顾客与你的销售理念达成共识，离顾客心甘情愿购买产品的时刻也就不远了。

（3）赞美法。通过赞美让顾客不得不为面子而掏腰包。比如：先生，一看您，就知道平时很注重生活品质，眼光和气质都与常人不一样，这么重要的婚礼，您一定也会有自己独特的品位，不想与其他庸俗的婚礼一样，所以你肯定不会舍不得买这种产品或服务的。

（4）举例法。举例法能够让顾客瞬间产生购买的冲动，比如，举成功者的例子，举身边人的例子，举明星的例子，等等。例如：某某先生，×××在××时间购买了这种产品，用后感觉非常好，您看，这是他的现场效果，您可以看看。他购买了这套婚庆套餐后，好多朋友都争相过来购买。今天，您能来我们这里就是缘分，您愿意错过这上天安排好的缘分吗？错过口碑这么好的产品吗？

（5）底牌法。对会讲价的客户直接亮出底牌。这里的底牌是价格的底牌，也就是最低价格。但这个最低价格并非真正的最低价格，只是一种营销策略。能够让顾客觉得这种价格在情理之中，买得不亏。

（6）诚实法。在与顾客进行谈判的时候，一定要告诉他一个真理，那就是天下没有免费的午餐，也很少有机会花最少的钱买到最高品质的产品。价格不完全是检验质量的唯一标准，但便宜的东西一定不是好货，所以不要存在捡便宜的侥幸心理。许多婚礼谈判都有一个同感，那就是：产品的推销工作是比较难把握的，而且在推销过程中，说话方式、推销方法、推销时机等一旦把握不好就会引起顾客的反感。但是销售又是得到婚礼业务的必经之路。

谈判是一门学问，营销是一种手段。但是真正做好一个称职的优秀谈判者可不是一件轻而易举的事情。婚礼谈判的技巧还有很多，比较典型的便是以上罗列的几种。在实际营销过程中，应该随机应变，具体问题具体分析。不同的顾客要用不同的方法，只要产品质量过硬，有一定的销售技巧，婚庆业务一定会源源不断地来到。

3. 签合同

通过婚庆策划师高超的谈判技巧将业务承接到手上之后，应立刻与客户签订合同，好让业务真正成为囊中之物。在签订合同的时候应让客户首先支付一定的订金，避免客户无故取消订单给公司带来的人力以及金钱的损失。

合同范本里的内容一般包括婚礼仪式的开始时间和具体地点，婚礼服务包含了哪些项目、服务费用及支付方式以及双方的主要权利和义务、双方的主要违约责任，最后还应写明合同争议的解决办法。

合同范本模板可参照本章末尾的附件。

4. 现场策划

合同签订之后，婚礼策划师会到婚礼现场进行场地勘察，了解场地的基本信息以及风格，并与新人一起讨论现场布置的风格。之后婚礼策划师便会制定出一份初步的婚礼意向方案，让新人了解自己的婚礼现场大概是什么样的。当新人对初步方案确定之后，婚礼策划师再完善婚礼方案的细节，方便后期工作的顺利进行。

5. 准备工作

准备工作可分为三个部分：第一部分为公司准备所需物品，第二部分为新人准备物品清单和行程表，第三部分为新人落实清单上所罗列的内容。这些清单的主要作用是对婚礼中的大小流程做一个详细的规划，避免婚礼当天因某个流程不小心遗忘了而导致整个婚礼无法顺利进行。婚礼的筹备一般来说至少要提前一个月。

（1）公司准备所需物品：公司应按照婚礼策划师所做的婚礼现场布置方案中所罗列的物品进行准备和购买，如背景中包含的桁架、背景布、花蔓、荧光纸等，并提前一天确定婚庆车辆的预约情况。保证婚礼当天能够按原计划顺利进行。

（2）为新人准备物品清单和行程表。新人的物品清单和行程表可分为五个部分：第一部分为两位新人综合篇，第二部分为新郎篇，第三部分为新娘篇，第四部分为伴郎篇，第五部分为伴娘篇。

第一部分　两位新人综合篇

1. 与婚礼所有项目的联系人沟通。
2. 决定婚礼日期、地点，确定婚宴方式为西式，新人选择的是露天的草坪仪式。
3. 确定婚礼预算，检查所有物品并交与专人保管，开具物品清单表：

名　称	数　量
烟（天子）	每桌×包
白酒（茅台）	每桌×瓶
红酒（张裕经典）	每桌×瓶
饮料（可乐橙汁花生奶）	2.5升各×瓶
瓜子、散糖	每桌各×斤
结婚照	×套
结婚服装	×套
婚车（租）	×辆

4. 确认婚礼当天置于洞房内的新郎新娘快餐干粮以及来宾的饮料、水果、鲜花、一次性杯子等是否准备妥当。

5. 确定婚礼当日辅助人员的明确分工：双方协调、酒店协调、爆竹燃放、酒店、迎宾、婚礼签到、喜糖发放、婚礼现场及酒店洞房布置、婚车、摄影、摄像。

6. 确定所有相关人员的名单及联系方式。

7. 发喜帖给亲友，请详细注明地点、时间、地图和乘车路线。

8. 电话通知外地亲友。

9. 草拟客人名单，并将客人座位表打印出来标明各桌亲友。

10. 绘制喜筵现场指示牌。

11. 与主持人沟通，内容是婚礼当天的计划与设想。

12. 确定婚礼主婚人和证婚人：主婚人——男方公司领导或家里长辈；证婚人——女方公司领导或家里长辈（叔叔或伯伯）

13. 确认婚礼当天要发言的人的准备情况，其中要特别注意主婚人、证婚人发言的准备情况、新人代表发言的准备情况、来宾代表发言的准备情况。

14. 婚礼彩排，要让新郎、新娘反复熟悉婚礼程序，并预演抱新娘动作、婚礼进行中的台步、交杯酒动作等。

15. 最后要让新郎和新娘放松心情、互相鼓励、注意睡眠、早点休息。

第二部分　新郎篇

1. 再次确认帮忙的亲友。

2. 召集好朋友讨论迎新娘计划。

3. 提前两天打扫新房并开始布置新房中摆放的装饰品。

4. 新房内新郎的朋友闹房，并请一名小男孩压床。

5. 选定婚礼当天的摄影、摄像人员。

6. 准备摄影摄像器材。

7. 为远道而来的亲友准备客房。

8. 准备好足够的红包，调换崭新钞票准备红包。一般来说，提鞋子的两个大红包分别是100元/个，敲门的红包是2元/个。

9. 新郎与伴郎进行最后沟通，确认其负责的各项事物。

10. 就准备情况和婚礼当天的分工与婚礼督导做最后沟通。

11. 与主持人做最后的沟通。

12. 做好迎亲时新娘提问的准备。

13. 提前一天修理头发，做个全身按摩，好好休息。

第三部分　新娘篇

1. 新娘开始皮肤的保养、美甲、全身 SPA。
2. 选购伴娘礼品。
3. 新娘化妆品的准备。
4. 提前三天预约新娘婚礼化妆。
5. 选择化妆地点。
6. 与化妆师沟通。
7. 确认婚礼当天的造型。
8. 预约化妆具体时间。
9. 伴娘的礼品。
10. 准备一些小红包，10 元/个。

第四部分　伴郎篇

1. 协助确定婚礼用车数量、扎彩车的时间地点。
2. 确定婚礼当天婚车行进路线及所需时间。
3. 确定摄影、摄像机位和数量。
4. 预估新郎、新娘在仪式上或闹洞房时可能会遇到的问题。
5. 接亲礼花炮：大的 1 支，中等的 6 支。
6. 司机的礼品：两包烟、两包糖。

第五部分　伴娘篇

1. 新娘最后试穿所有礼服。
2. 将晚上婚宴上要换的鞋子、婚礼当天要穿的所有服装、要佩戴的首饰、小配件等分装口袋，确定新娘补妆盒、出门的鞋子、喝水的吸管等。
3. 准备新娘上车的新鞋。
4. 准备新娘的手捧花一束、新人的胸花两朵。
5. 两枚钻戒、抛洒的花瓣。

6. 现场布景

会场布置是为婚礼服务的，会场布置的重点在于场景布置。无论是教堂婚礼、中式婚礼、酒店婚礼还是草坪婚礼，都应按照最初与新人商量的婚礼策划方案进行现场的布景。要让新人看到实际的场景与在公司所看到的场景效果相符合。

7. 现场配合

婚礼当天，婚庆公司的工作人员应在现场指挥配合婚礼顺利进行。配合的工作包括以下几个：

（1）确认婚宴现场的音响效果。
（2）确认婚宴布置等细节。
（3）配合新人的亲朋好友在婚礼当天确认来宾人数并与酒店确认酒席数量。
（4）配合新人的亲朋好友确认婚宴当天酒店方的负责人。
（5）配合新人的亲朋好友确认酒席菜单及散糖、瓜子、烟、酒、饮料的安排。

8. 后期工作

婚庆仪式完毕之后，公司的后期团队应就拍摄的婚礼视频进行剪辑、配字幕、做特效等后期制作。完成之后刻成光盘交与客户保留。

五、实际案例

下面我们以佳人婚庆公司的业务具体流程为例，来详细介绍整个婚庆公司的工作流程。我们分两个部分来进行讲解：第一部分为婚前准备篇，第二部分为婚礼进行篇。

婚礼准备篇

佳人婚庆公司接到一笔业务，在重庆市金质大酒店举行中式婚礼。在与新人谈判的过程中，发现新人最关心的便是价格问题。婚礼策划师拿了三套价格给新人进行对比，通过婚礼策划师专业的介绍，新人最终选择了中间这套性价比最高的方案。公司与该新人签订的合同参见附件1，从合同中可以明确看出婚庆公司有哪些服务。

合同签订好了之后，公司便开始着手准备所有需要配备的材料。由于新娘喜欢紫色的梦幻系列，所以公司在采购背景布的时候选择了梦幻紫，让整个场景看起来具有梦幻的色彩，其次采用了白色和粉色的花作为点缀，增强空间的唯美感。T台也采用紫色的地毯，与整体空间相呼应。其他所有材料也按照合同策划书中所需求的那样进行——采购和准备,将现场布置得和合同中所描述的一模一样。接下来通知新娘的化妆师与新娘一起挑定礼服并与新娘订好化妆的时间和地点。最后落实婚车的数量及车队结彩的具体数量和配送时间。

婚礼进行篇

婚礼当天的具体流程:

6:00　新娘到影楼开始化妆造型。
6:30　新郎起床并梳洗,吹头发、刮脸、穿戴礼服。
7:00　伴郎协助新郎确认车辆到来时间。
7:20　新郎确认新娘是否从影楼回家。
7:28　车队抵达,花艺师开始扎花车(摄像师抵达)。
7:28　花车扎好准备出发。
7:28　新房可以铺婚床,由两位已婚的,并由生有男孩、双方父母都健全的女性来对铺。
7:36　婚车起程(打响2支中号礼花炮)。
8:00　新郎车队到达新娘家迎亲,排好车队新郎下车(打响2支中号礼花炮)。
8:30　新郎的接亲队伍来到新娘家门口(打响2支大号礼花炮)。
8:30　接亲队伍开始闹门:

　　1. 首先由伴郎叫门,塞"敲门砖",先塞小红包,再塞大红包。
　　2. 新郎叫门、唱歌(爱你一万年)……开门。
　　3. 进入大门,给新娘家的亲朋好友敬烟、寒暄。
　　4. 准备敲新娘的闺房。
　　5. 伴娘刁难新郎。
　　6. 终于开门,新郎单膝跪下将手中的捧花献给新娘。
　　6. 新郎母亲为新人煮上汤圆或者莲子、花生、桂圆、红枣各一碗,意蕴新人以后的生活甜蜜、一家人团团圆圆。
　　7. 新郎准备接走新娘。
　　8. 由新娘的弟弟或家里的男孩拿新娘鞋子,由新郎抱新娘出娘家门,打响2枚中号礼花炮。
　　9. 新郎给提鞋子的男孩发一个大红包,并为新娘穿上鞋子。

9:10　排好车队,新人准备出发进行外景拍摄。
11:18　新人出发至酒店(打响4支礼花炮,大、中号各2个)。

电子屏播放喜庆的画面，通道铺红地毯，喷泉打开，喜庆的横幅。

1. 新人进入酒店大门（打响 2 支大号礼花炮）。

2. 新人在门口迎接客人。

12:00　新人进行结婚仪式。

宾客陆续到来，伴娘负责引领宾客签到并协助婚礼督导带位，大厅内响起喜庆的《迎宾曲》，宾客落座观看投影电子相册。

婚礼乐章——爱情进行曲

1. 主持人在幕后以优美的独白和着悠扬的浪漫钢琴曲将婚礼的序幕慢慢拉开。婚礼仪式正式开始：灯光逐渐转暗，所有人的目光聚焦在幸福之门……音乐背景合唱版《结婚进行曲》响起，整个大厅的宾客屏住呼吸，仿佛看到一道梦境出现在眼前，置身于唯美的画面之中。

新郎、新娘在追光灯的牵引下穿过花门缓缓地缓缓的步入婚礼殿堂，两位漂亮的伴娘将花瓣撒在新人的头上，新人沐浴在一片花海之中……

2. 新人两边各有 4 位礼炮手，将 8 支礼花喷射在新人的头上，婚庆公司的气球鞭炮炸响。

3. 新娘和新郎携手走上舞台。

4. 全场灯光逐渐转亮，宾客掌声热烈地响起来。

5. 主持人有请主婚人（男方）上台讲话。

6. 主持人有请证婚人（女方）上台讲话。

7. 有请双方父母上台，新人为他们敬"孝敬茶"，父母送上他们的祝福。新郎的父亲作为双方父母代表讲话。

8. 新郎向新娘现场求婚并为新娘戴上结婚戒指。

9. 新人用两只水晶杯装上交杯酒，共同喝下。

10. 新人退场：新郎将新娘抱起，两边宾客欢送，同时打响 2 枚礼花炮。

12:40　仪式完毕，新人在新房内稍做休息，化妆师为新娘补妆，新人的亲朋好友开始吃饭。

13:00　新郎、新娘及伴郎、伴娘偕同家人一同出来向各位来宾敬酒，感谢各位的到来。

13:50　新人回到新房，并用餐。

13:50　新娘在新房小憩，新郎则在客厅招呼朋友。

16:00　化妆师为新娘补妆，新娘换上晚礼服准备为宾客敬酒，新郎用这段时间稍做休息，等待晚宴的到来。

附件 1

婚庆服务合同

甲方：__新郎、新娘__　　　　　乙方：__婚庆公司__
地　址：_____　　　　　　地　址：_____
联系电话：_____　　　　　联系电话：_____
行车路线：_____

根据《中华人民共和国合同法》《中华人民共和国消费者权益保护法》及有关法律法规，结合本次婚礼庆典服务的具体情况，甲、乙双方在遵循自愿、平等、公平、诚信的原则基础上，经双方协商一致，签订本合同。

第一条　婚礼庆典基本情况
举行时间：_____年_____月_____日_____时_____分
举行地点：_____市_____区_____路_____弄_____号（饭店）_____厅

第二条　婚礼庆典基本项目
各具体项目类别及价款（请在选定的项目前打√，未选择项目请划去）：
□统筹策划　价款：人民币_____元
□婚礼主持　价款：人民币_____元
□现场督导　价款：人民币_____元
□化妆服务　价款：人民币_____元
□摄影服务　价款：人民币_____元
□摄像服务　价款：人民币_____元
□其他服务　价款：人民币_____元
□乐队演出　□专业DJ　□礼仪小姐　□鲜花套系　□舞台灯光
□增加项目　价款：人民币_____元
各项目的具体约定内容详见相关附件。

第三条　总款价格
上条选定约定事项的价款总计为人民币（大写）_____元。

第四条　付款方式
（一）本合同生效后，甲方即向乙方付全额的50%即人民币_____元作为定金；
（二）于婚礼前七天策划完毕，新人认可后付清余款总价款的40%即人民币_____元；

（三）完成所有服务项目后付清余款总价款的10%即人民币_____元；

（四）如需增加服务项目，需另订补充协议，价款及付款方式以补充协议为准。

双方所有款项往来均应出具收据，结束后乙方应统一开具发票交予甲方。

第五条　乙方义务

（一）乙方应严格遵照本合同的内容，按照双方约定的程序及要求，安全、有效、及时地完成各约定事项；

（二）乙方若单方面无故终止本合同，应按合同总价款的50%即人民币_____元支付违约金给甲方；

（三）乙方若未能按时、按量完成合同中所约定的事项，应向甲方赔偿损失，向甲方支持总价款的80%即人民币_____元。

第六条　甲方义务

甲方如单方面无故终止本合同，定金不退。

第七条　争议解决方式

合同履行中若发生争议，由双方自行协商解决，或向有关行业组织及消费者权益保护委员会申请调解。

当事人不愿协商、调解或协商、调解不成的，可通过下列方式解决（请在选定的方式前打√，空置内容请划去）：

□向仲裁机构（名称：）申请仲裁

□向人民法院提起诉讼

第八条　合同的未尽事项及变更

（一）本合同如有未尽事宜，双方应通过订立书面补充协议进行约定；

（二）本合同在履行过程中如需对本合同及附件内容作补充、删减或修改等变更事宜的，须经双方达成书面变更协议，取代其所修正的内容。

第九条　合同的生效

本合同自双方签字或盖章之日起生效，本合同一式两份，具有同等效力。其中甲、乙双方各执一份。

本合同附件、补充协议、变更协议为本合同的组成部分，具有同等效力。

甲方（签章）：　　　　　　　　　　乙方（签章）：

新郎：_____　　　　　　　婚庆单位：_____

新娘：_____　　　　　　　法定代表人：_____

联系地址：_____　　　　　联系地址：_____

联系电话：_____　　　　　联系电话：_____

日期：　　年　　月　　日　　　　　日期：　　年　　月　　日

第五章 玩转风景园林设计公司

一、业务承接方式

风景园林公司业务承接的方式可分为三种：熟人引荐、自我推荐和招投标。

（一）熟人引荐

这种方式没有固定的规范，只要熟人介绍，双方认可就可以做业务了。

（二）自我推荐

自我推荐的方式可分为线上和线下两种。
（1）线上：依托互联网、电视等平台。
（2）线下：与商家合作，发传单，参加各种环艺景观的展示会、交流会等。

无论以哪种方式进行宣传推广，最重要的就是要承接到业务。因此，无论前期公司进行了多么努力的推广，当业务机会到来时，应该如何让客户信服，心甘情愿地将业务交给公司做呢？接下来我们就介绍如何进行业务谈判。

谈判最主要的是要了解客户的心理活动，所谓"知己知彼，百战不殆"。初创公司在谈判过程中首先得明确自己的客户群体，然后去了解该群体的心理特征。适合于初创团队的客户在进行公司的选择时一般会特别注意以下两点：第一，该公司的业务能力和信誉；第二，报价。因此，一份优秀的公司宣传册是业务谈判成功的前提，而报价则直接决定谈判是否成功。宣传册的主要内容包括：公司简介、团队配置、作品展示。其中团队配置与作品展示是客户是否信任公司的主要因素。对于初创公司来讲，由于公司成立的时间短、没有过多的业绩，因此可以将主设计师独立完成或者与其他比较出名设计师合作完成的业绩作为与客户交谈的筹码，客户会通过主设计师的作品展示对公司的实力进行评估。不过，最终决定客户是否愿意将业务交给公司做的还是给客户的报价。在报价上，初创公司可以把利润看得薄一些，甚至不赚钱也要做。初创公司在创业初期首先不要只想着盈利，而是要积累客源，赚取口碑，等业务越来越多，公司运作越来越成熟，经验、资金越来越丰富、雄厚，便可以通过招投标的方式承接一些业务量大、利润也高的业务。

（三）招投标

1. 招标

招标是指招标人按照国家有关规定履行项目审批手续、落实资金来源后，依法发布投标邀请书或招标公告，编制并发售招标文件等具体环节。

招标分为两种类型：邀请招标和公开招标。

（1）邀请招标：指招标人以投标邀请书的方式邀请特定的法人或者其他组织参与投标。

（2）公开招标：指招标人以招标公告的方式邀请不特定的法人或者其他组织参与投标。

2. 投标

投标是指投标人根据招标文件要求，编制并提交投标文件，响应招标活动。

招标人在选择景观设计公司的过程中，对景观设计公司的评定一般需要综合考虑多项因素，需要通过全方位的评价，选择确定最适合本项目的设计单位。在这个环节中，参与投标的公司是否做过类似的项目，在做类似项目的过程中对成本的把控、设计能力、设计特点、专业特长、施工监控、业绩和口碑、人力资源和公司资源、工作模式、设计报价及成本核算、公司知名度和影响力、对项目的理解和设计创意、设计工期、施工配合、合同条件等，都会成为招标人综合评价景观设计公司的因素。

3. 投标的基本工作流程

（1）下载招标公告。招标公告包括招标项目的名称、规模、范围、实施地点和时间、资质等级与资格要求等。

（2）进行资格预审。资格审查一般主要审查以下几个方面：

第一，审查该公司是否具有独立签订合同的权利；

第二，审查是否具有履行合同的能力，这一条主要是审查公司和项目负责人的资质、景观公司的资金状况、设备和其他设施状况、管理能力、经验、信誉和相应从业人员的资质（关于环艺景观公司资质的具体内容可以登录相关的政府网站，如中国住房和城乡建设部官网中查询相关的政策法规）；

第三，审查该公司有没有处于被责令停业、投标资格被取消、财产被接管、冻结、破产等状况；

第四，审查该公司在最近三年内没有骗取中标和严重违约及重大工程质量问题；

第五，审查该公司有关法律和行政法规规定的其他资格条件，比如营业执照、法人代表证明书或法人委托书、资质等级证书、安全生产许可证、体系认证书等。

（3）购买招标文件。

（4）研究招标文件。招标文件的内容一般包括投标须知、工程设计任务书、投标文件格式、技术文件、附表、各阶段所需提交的图纸内容，等等。

附件1

各阶段所需提交的图纸内容（参考）

这里介绍的图纸内容仅供参考，具体项目中的图纸内容应根据甲方需求的不同而进行相应的变化。

1. 意向性方案设计阶段（三个比选方案分别提供）

　　1.1 设计概念说明及总说明；

　　1.2 总平面彩色图；

　　1.3 竖向设计图；

　　1.4 总体景观分析图；

　　1.5 交通分析图；

　　1.6 主要景观立面和剖面参考图；

　　1.7 重点局部放大平面及透视图；

　　1.8 植物配置概念图；

1.9 效果图[主入口不少于 2 张（2 个入口），中心景观不少于 2 张（两个角度），组团景观不少于 2 张]；

1.10 相关示意图片。

2. 正式方案设计阶段

2.1 景观总平面图；

2.2 主要景点分析图；

2.3 竖向设计图；

2.4 总体景观分析图；

2.5 交通分析图；

2.6 主要景观立面和剖面图；

2.7 重点局部放大平面及透视图；

2.8 植物配置图；

2.9 效果图[主入口不少于 2 张（2 个入口），中心景观不少于 2 张（两个角度），组团景观不少于 2 张]；

2.10 围墙设计；

2.11 入口 logo 墙设计；

2.12 相关示意图片。

3. 扩初设计阶段

3.1 总平面图；

3.2 尺寸定位图；

3.3 铺装平面图及详图；

3.4 标识系统及小品布置图；

3.5 竖向设计图；

3.6 节点放大平面图及详图；

3.7 水景平面、立面景观大样设计图（若有）；

3.8 园林与建筑接口之平、立、剖面图；

3.9 各种小品之平、立面及大样设计图；

3.10 植物布置图；

3.11 灯具平面布置图；

3.12 给排水布置图；

4. 施工图设计阶段

4.1 总平面图；

4.2 尺寸定位图；

4.3 平面索引图；

4.4 铺装平面图及详图；

4.5 标识系统及小品布置图；

4.6 竖向设计图；

4.7 硬质景观详图（包括相关结构图）；

4.8 水景平面、立面景观大样设计图（若有）；

4.9 园林与建筑接口之平、立、剖面图；

4.10 各种小品之平、立面及大样设计图；

4.11 植物布置总图；

4.12 上木布置图；

4.13 下木布置图；

4.14 苗木表；

4.15 灯具平面布置图及相关说明；

4.16 灯具系统图；

4.17 灯具安装图；

4.18 给排水布置图及相关说明；

4.19 水景详图（若有）；

4.20 各类小品、铺装、灯具、喷头等选样图片；

4.21 物料表。

（5）编制投标文件。投标文件的编制一般分为两个部分：商务文件、设计文件。

（6）呈送投标文件与投标保证金。投标文件编制好之后，投标方应按照招标文件的相关规定，将商务标书、技术标书、投标企业资格证明文件按要求装订，文件袋正面应写明投标项目的名称、招标单位名称、投标单位的名称与地址、邮政编码等。投标文件袋口部和底部及左右须用密封条密封，并填写密封日期，封条上沿对角线方向加盖投标单位公章和法定代表印鉴各二枚。在投标截止日期之前将投标文件和投标保证金递交给招标单位。

投标保证金主要是保证投标人在递交投标文件后不得撤销投标文件，中标后不得无正当理由不与招标人订立合同，在签订合同时不得向招标人提出附加条件或者不按照招标文件要求提交履约保证金，否则，招标人有权不予返还其递交的投标保证金。一般来说，设计类投标项目的保证金数额一般不超过投标报价的2%，最多不超过10万元人民币。一旦没有竞标成功，资金可以取出，但竞标成功后就不能取出来，等到项目完结才能取出来。

（7）等待开标和评标后的结果。甲方收齐投标文件后便可通知参与投标的公司参加甲方主持的开标大会。

（8）通知中标。由甲方颁发中标通知书。

（9）签订合同。承接项目后，接下来便是与甲方签订合同。合同范本见附件2。

在与甲方签订合同时应注意以下几点：

① 在满足甲方合理化要求的前提下，明确景观公司的基本工作及服务范围。避免甲方在后期出现自身问题的时候增加其工作量。

② 明确设计内容和提交时间。设计内容应在与甲方商讨时制定好范围，如是否需要手绘效果图或3D渲染图等，每一次出图的时间要和甲方商量好，避免甲方让你提前交图的状况发生。

③ 付款方式一定要写清楚。例如：从本合同生效之日起，支付设计启动金百分之多少；方案设计完成并提交成果，支付总设计费的百分之多少；扩初设计完成并提交成果后，支付总设计费的百分之多少；施工图完成并提交成果后，支付总设计费的百分之多少；竣工经甲方验收合格之日起××个月内，付清余款即总设计费的百分之多少；如果超过规定时间多少天仍无法履行支付义务的，必须承担相应的违约条件。

二、如何开展业务

（一）方案前期阶段

方案前期阶段也是调研准备阶段。签订合同后，园艺公司除了根据甲方给公司的招标文件之外，还要进行现场勘察，尽快熟悉场地中的建筑、地形、植被、气候、土壤、水文等，然后以会议或商谈的形式与甲方沟通，沟通的主要内容包括：对整个项目进行初步的定位，甲方的要求、期望、投资预算，等等。

（二）概念方案阶段

在设计前期确定设计目标之后，接着要提出有针对性的解决办法，即把构思立意细化为实实在在的设计方案。方案设计应从大处着眼，从整体着手，然后步步深入到局部、细节问题中。首先要考虑全局性的问题，如建设用地与城市规划和周围环境的关联性；根据使用者要求进行功能分析，提出平面布局规划，包括综合地势概念平面图、种植区和园林景观平面图、街道景观和人、车流通循环概念图、工程入口的纪念物简图，广场、商业区具有代表性的事物简图，居住区具有代表性的街道简图，具有代表性的林荫道简图、具有代表性的住宅区简图、最终的建筑园林景观设计主平面图，呈现该工程的构成要素，包括从全景到单一的建筑和公共设施。

主设计师负责设计总体，把控全局，应提出对场所结构形式、施工工艺、材料等的构想。方案设计师会根据总设计师所提供的思想先做出几套方案来进行修改、筛选，最终确定一套主设计师认为可行的方案。绘制的方法一般采用手绘的形式。手绘的好处是方便修改。修改大致定稿后，便可扫描并导入CAD进行总平面图的绘制，之后导进草图大师里建模，最后在PS里上色，做各种分析图、效果图等，最终形成一套完整的文本向甲方汇报。

（三）扩初方案设计

得到甲方认可后，公司就要对这个概念设计方案进行深化，所以这一阶段被称为扩初方案设计。设计师要熟练运用CAD软件确定各种单体样式和植物的品种、种植空间等。方案设计师完成的设计方案文件一般包括：设计说明、彩色总平面图、立面图、剖面图、色彩效果图、设计模型、工程概算及材料选样、小景图纸、材料图纸、局部放大、重要景观的透视效果图，等等。

（四）施工设计

乙方根据甲方对扩初阶段的修改意见进行施工图设计。施工图是对整个设计项目的施工技术交底，因而它是设计与施工间的桥梁，必须明晰、无误。施工图设计文件要有确切的尺寸、详尽的构造和用料节点图、细部大样图，并且必须与其他各专业工种（水、暖、电、空调等）进行充分的协调，综合解决各种施工问题，并编制有关施工说明和造价预算等。

为此，设计者必须熟悉各种建筑、装饰材料的性能、施工方法和各种产品的型号、规格、尺寸、安装要求。例如，景观设计之景园建筑小品施工图就包含广场、景观车道、人行步道、平台施工图、景观亭、景观花架、景观塔施工图、景观墙、楼梯、栏杆施工图。

（五）施工配合阶段

为了避免施工人员在施工过程中遇到因图纸出现的问题而无法顺利工作的现象发生，设计师们应亲自到现场指挥配合施工方施工，并在出现问题时及时解决问题。

（六）设计评估

工程交付后的总结评估越来越受到重视，因为许多设计方面的问题都是在工程投入使用后才能发现。这一过程不仅有利于业主和工程本身，同时也为设计师积累设计经验或改进工作提供依据。

所以，整个项目实施过程要求公司无论是在设计方面还是在施工方面，必须做到品质保证，这就要求整个公司的员工要有高度的责任心、使命感。公司应定期对员工进行思想素质方面的培训，有利于加强整个团队的凝聚力。要让每个员工对这份工作有一份敬畏之心，尊重自己的工作，尊重自己的劳动成果，要有对甲方负责任的态度。这样，才能保质、保量、按时地完成整个项目。

附件 2

风景园林设计合同

甲方（委托方）：_____

乙方（设计方）：_____

甲乙双方经过充分协商，本着平等自愿的原则，就甲方委托乙方承担_____（以下简称"_____"）风景园林设计。为明确甲乙双方责、权、利关系，根据《中华人民共和国合同法》、《中华人民共和国建筑法》和《建设工程勘察设计合同条例》，并结合本项目环境景观设计的实际情况签订本合同，供双方遵照执行。

一、项目名称及地址

1. 项目名称：_____园林景观工程。
2. 项目地址：_____。

二、设计工作内容

1. 甲方提供的_____用地红线范围内的环境景观设计。
2. 施工现场配合和监理。

三、设计阶段及内容

1．方案设计阶段

（1）甲方设计要求：＿＿＿＿＿＿＿＿＿＿＿＿＿＿＿＿＿＿＿＿＿＿＿

（参考内容：a．向乙方提供完整、详细、准确的平面图；b．组织乙方现场踏勘；c．向乙方提供项目定位标准。）

（2）乙方完成内容及标准：

乙方应根据＿＿＿＿＿＿＿＿＿＿＿＿＿园林景观项目的平面总体规划、建筑规划和现状等方面进行概念设计。概念设计要求明确项目主题，发挥独特创意。

乙方进行概念设计的参考内容：a．园林景观设计方案图；b．各区域大样图、剖面图、分析图；c．方案设计说明书；d．工程成本估算。

以上所列图纸向甲方提供＿＿＿＿套，设计师应负责向甲方解说一次。

（3）设计周期：（从＿＿＿＿＿年＿＿＿＿＿月＿＿＿＿＿日至＿＿＿＿＿年＿＿＿＿＿月＿＿＿＿＿日）共＿＿＿＿＿天。

2．扩初设计阶段

（1）甲方配合内容：

参考内容：a．确认方案阶段设计之内容；b．建议植物选配及物料采用。

（2）乙方完成内容及标准：

a．设计要求：乙方根据甲方书面确认的概念设计方案及意见，对方案进行深化设计，进入＿＿＿扩初方案阶段。

b．设计成果：＿＿＿＿＿＿＿＿＿＿＿＿＿＿＿＿＿＿＿＿＿＿＿＿

设计成果参考内容：景观总体布置图、标高图、重点景区大样图、剖面图、总体彩色透视效果图及各景点彩色透视效果图，主要植物说明，主要乔、灌木布置图及品种规格，各区域物料配置图及实物样板的提供，道路系统设计图和文字说明，灯光配置图及灯具选型，园景小品和设施，等等。

以上所列图纸向甲方提供＿＿＿＿＿＿套和＿＿＿＿张扩初图光盘（含全部内容），设计师应向甲方解说一次，并与甲方商讨确认详细设计细节。

（3）设计周期：（从＿＿＿＿＿年＿＿＿＿＿月＿＿＿＿＿日至＿＿＿＿＿年＿＿＿＿＿月＿＿＿＿＿日）共＿＿＿＿＿天。

3．施工图设计阶段

（1）甲方配合内容：

确认扩初阶段成果。

（2）乙方完成内容及标准：

a．设计要求：＿＿＿＿＿＿＿＿＿＿＿＿＿＿＿＿＿＿＿＿＿＿＿

b．设计成果：_____

施工图设计成果范围参考：总平面分布图、详图指引图、放线定位图、各细部标高图、园林绿化系统图、园林与建筑界面立面图和剖面图，水景系统平面图、剖面图及施工设计详图，各区域灌溉及给排水图，园林灯具照明及电路系统图，各区域物料图及样板材质和色彩，各区域铺地、台阶、建小品的建筑、结构施工详图，道牙、花槽（台）、休闲座椅的建筑、结构施工详图，水景、喷泉的建筑、结构、给排水、电气等施工详图，施工图预算等。

以上所列图纸向甲方提供_____套施工蓝图和一套光盘，同时各专业设计师应向甲方及施工单位进行设计交底和施工图会审。

（3）设计周期：(从_____年_____月_____日至_____年_____月_____日）。

4．设计监理阶段（施工现场服务）

（1）甲方工作内容：_____

内容参考：确认施工图纸，组织设计交底和图纸会审，组织现场工作，提前通知乙方的工作时间。

（2）乙方工作内容：_____

内容参考：参与植物选购，参与铺装材料的选购，参与施工现场铺装及硬景的施工样板确认，参与施工现场技术指导，参与工程竣工验收。

（3）现场施工交底：工程进行过程中，按甲方要求进行现场交底，直至施工结束。

四、设计费用计算及支付

1．设计费用计算：本工程总绿化用地_____m^2，按实际绿化用地每平方米_____元人民币计算设计费,本合同共计设计费人民币_____万元（大写：_____元整）。所有费用以人民币结算，并用_____形式_____日内付款。

2．设计费支付方式

（1）本合同签订后____日内,甲方支付乙方设计预付款_____万元（大写：_____元整）。

（2）乙方方案设计阶段和扩初阶段设计任务完成，并经过甲方确认后____日内，甲方支付设计费_____万元（大写：_____元整）。

（3）乙方施工图设计阶段任务完成，并经过甲方确认后____日内，甲方支付乙方设计费_____万元（大写：_____元整）。

（4）乙方设计监理阶段任务完成，并通过竣工验收后____日内，甲方将剩余设计费_____万元（大写：_____元整）一次性支付给乙方。

（5）设计阶段和施工监理阶段，乙方往返的差旅费、长途电话费、传真、快递、绘图及印刷的费用均由乙方自行承担，甲方不另支付设计费用以外的额外费用。

五、违约责任

1. 甲方责任

（1）本合同签订后，甲方不履行合同，甲方无权请求返回所付设计费。乙方不履行合同，乙方退还甲方所付设计费_____元。

（2）甲方有权对委托的项目内容在设计上进行必要的调整并提出修改意见。

（3）甲方不能按时确认乙方设计图，乙方按拖延的时间顺延设计工期。

（4）乙方设计图若满足设计标准及要求时，甲方如不按时支付设计费用，每逾期一天，甲方向乙方支付设计费总价款的____%的违约金。

2. 乙方责任

（1）乙方不按本合同约定时间交付甲方设计图说，每逾期一天，乙方应付给甲方本合同总价款的____%的违约金。

（2）乙方设计文件不能达到本合同约定设计标准及要求，乙方应付给甲方本合同总价款的____%的违约金。

六、其他

1. 甲方维护乙方设计成果的所有权，不得将乙方设计图说转让给第三方重复使用，也不得未经乙方书面同意重复利用乙方设计图说。

2. 本合同甲、乙双方签字盖章生效，工程竣工后甲乙双方结清设计费后自动失效。

3. 本合同未尽事宜，甲、乙双方协商解决，协商不成，任何一方均可向本合同签约地的人民法院起诉。

4. 本合同一式_____份，甲、乙方各执_____份，具有同等法律效力。

甲方（签章）：_____　　　乙方（签章）：_____

法人代表或委托代理人（签字）：_____　　法人代表或委托代理人（签字）：_____

签订地点：_____

签约时间：_____年____月____日

第六章　玩转摄影公司

一、市场调研

(一) 行业现状

当今社会，摄影行业发展迅速。摄影，已经由一件奢侈品成为人们生活的必需品。摄影通过人们旅游、结婚、庆祝、纪念等方式，已经渗透进人们的生活之中。

如果选择开设摄影公司，开设之前必须对自己的公司做好定位，是做人像类还是产品类？人像类包括婚纱摄影、主题艺术照、母婴摄影、儿童摄影等，产品类包括美食、美景等，这两种类型所面临的客户群体是不一样的。前者的客户群体比较广泛，后者更多的是为某杂志、报社、互联网或电视媒体服务。

婚纱摄影是目前摄影界最大的市场，据调查，到目前为止，婚纱摄影类所占比重较为突出。中国每年大约有 1 000 万对新人喜结良缘，可见其市场容量之大，这为婚纱摄影行业提供了很大的机会与平台。据统计，全国目前各类人像摄影企业已达 45 万多家，从业人员 600 多万人，年营业额 900 多亿元。其中婚纱摄影的客户资源多，价位相比其他人像摄影要高，利润可观。截止到目前，婚纱摄影的利润空间较大，大约在 30%～40% 左右。全国大型婚纱摄影企业的营业额在 2 000 万元以上，中型企业为 800 万元～2 000 万元，有的特大型企业年营业额达到 5 000 万元以上。中国婚纱摄影业已成为当今最具前景的产业之一。如今的年轻人对婚纱摄影的要求越来越高，传统的影楼模式已经不能满足年轻群体的需求。因此，婚纱摄影公司也在时代的浪潮中不断推陈出新，韩式唯美、欧式奢华、自然外拍旅行式等拍摄理念带着对市场文化潮流的探寻，以更加个性化的定制、更绚丽的风景、更新奇的活动，让婚纱摄影行业更加多元化和商业化。虽然婚纱摄影行业现状呈正面发展的态势，但摄影公司自身也一定要有技术实力，装修上要特别讲究格调，服务人员的素质要求高，衣服种类多，外景基地多等硬件条件要跟上，才能留得住顾客。

儿童像摄影是目前比较火爆的摄影项目，形成了一个新的摄影种类。儿童像摄影的资源可以说是非常多的。儿童自从在妈妈肚子里的时候就已经是儿童像摄影的客户了，母婴照也可以纳入儿童像摄影的范畴，还有孩子出生之后的满月照、百天照、周岁照，等等。所以，一个客户的照相次数可以反复有很多次，业务也呈倍数增加，市场前景相当广阔。在价格方面，儿童像摄影的价格是根据摄影公司的定位来决定的。儿童像摄影相对于其他摄影要简单得多，不需要很高的摄影技术，摄影室内的装修要求也不高，外景少，但服装、道具的要求要多一点，应覆盖不同的年龄段。

商业类摄影是最特殊的摄影项目，源自于商业上的需求，比如做广告所需要的素材、产品宣传资料以及近几年风靡全国的淘宝模特摄影。商业类摄影无论是室外拍还是室内拍，都需要有技术实力很强的摄影师以及相对应的行业策划师，这样的组合才是最完美的。产品类的商业摄影不需要服装、道具、店面等的陪衬，而淘宝的模特摄影则需要一个专业的场地和相应的服装，最重要是摄影师技术要好，这样照出来的效果才好，业务才会越来越多。

正因为有如此迅猛发展和可观的市场规模，导致社会对摄影人才的需求巨大。很多地方出现了摄影师供不应求的局面，人们对技术好的摄影师的青睐，使摄影行业专业人才的薪资待遇和工作环境都相当可观。

（二）发展空间

如今摄影公司的发展空间巨大。随着社会经济的不断发展和人们生活水平的逐渐提高，摄影从业者所面对的消费群体可以小到未出生的婴儿，大到两鬓斑白的老人，其市场容量涵盖了中国13亿人口不同年龄层次的人群。摄影行业的宗旨在于运用造型艺术手段，通过化妆设计、发型设计、服装服饰设计以及摄影的手段来表达出符合人物职业、性格、年龄、修养的适宜形象，用照片表现出人物的风采。开设摄影公司的优势在于随着人们生活水平的不断提高，消费者的需求越来越大，形成了很大的市场空间，另外，国家并未对该市场进行一些制度上的规范，所以加入该行业要求的资质和条件较少。

虽然目前摄影行业有如此巨大的发展空间，但我们也要看到该行业存在的一些问题。虽然我国摄影行业近几年得到了较大的发展，但与欧美发达国家相比，无论从规模到人才，还是从行业规范到管理水平，都处于初期阶段，离成熟产业的标准还有较大差距，又因其具有巨大的发展潜力，所以必将引起激烈的市场竞争。由于该行业对服装、道具更换的频率较高，需要有足够的资金支持，如果业务量不多，公司的生存会存在问题。因此，摄影公司的发展前景受到客源、公司位置、人口流动比例、消费能力甚至公司自身的影棚环境、技术、消费价格等的影响。公司在进行业务运营的时候，应对自己的消费群体进行准确的定位，是面对普通群众还是中高端客户甚至只做高端品牌，这个定位一定要明确。因为不同的客户群体对其产品质量的要求也不一样。中高端客户对产品质量的要求比较严格，对公司的服务也有很高的期望，而一线城市消费者的成熟度及对新鲜事物的接受度都更高，最常见的顾客是朋友、情侣、家人、准妈妈、同事，各种纪念日、人物写真、时尚个性自拍照、团队创意照、记录重要时刻等，如果公司的产品质量和服务未能达到他们的期望值，就很容易失去市场竞争力，断送公司的发展前景。

比如，全国知名的"金夫人婚纱摄影"公司，它是一家经营了二十多年带有浓厚传统色彩的企业，它发展到如今的规模，第一是顺应了国家的创业政策，第二是在时代的潮流中准确找到了自己的定位。在新旧时代的交替下，"金夫人"公司是如何将传统企业进行创新而达到今天令人仰望的成功呢？早期的"金夫人"公司也是靠自己的营销站点进行地域性营销，这种营销的手段有局限性，不同地区的分店也是各有千秋，不好统筹管理。后来，"金夫人"公司购买了域名为"121314.com"的网站，开始进军电子商务领域，成立了电子商务部，旨在整合集团的全国资源。当时的测试站点设立在杭州，从杭州开始辐射重庆、广州、兰州、哈尔滨、长春、鞍山等7个站，后来又陆续增加了三亚、丽江以及北京、深圳等。统一的营销站台对树立品牌形象有极大的好处。慢慢的，"金夫人"公司成为传统企业转型的典范。

对于初期开设公司的朋友们，在创业初期不要太在意收入的多少，只要能够维持下去，坚持下来，等客源多了之后，就能够开创盈利之路了。

（三）摄影公司的常见类型

目前人们所了解的摄影行业模式，无非就是两种：品牌公司和个人工作室。

品牌公司大多为连锁店，如"玛雅""金夫人"等都是从传统的摄影小公司发展壮大而形成目前具有自己独特风格的摄影品牌公司。由于品牌效应，客源较多，因此这类影楼有固定的场地、背景、风格，公司为顾客设计了成百上千的固定模板，这样方便公司产品的流水线生产。但这种影楼经营模式让很多摄影师无法接受，因为成品化的模板限制了摄影师的创意，并且每笔交易中摄影师的提成仅占服务总收入的很少一部分，这无疑让很多摄影师想跳槽出来成立自己的公司，为自己的创意服务。但开公司的成本较高，并且若没有专业团队来管理和运营的话则很容易亏本，而专业团队的介入又加大了公司的运营成本，所以，市面上便出现了个人工作室模式。个人工作室是时代的产物，它以每个顾客的需求为重心，摒弃了传统的模板化流水线生产，让顾客自由选择拍摄风格，这在近几年逐渐为越来越多的年轻人所推崇。但个人工作室对摄影师个人来说风险也较大，创业初期对场地、设备等投入的费用也不低，且摄影师的个人风格容易与客户的意见产生冲突，出现让客人不满意的情况。因此。个人工作室模式与品牌公司各有利弊。但就目前的行业情况来看，90后、00后对摄影所持的观念更为个性化，很多顾客特别喜欢个性化定制的摄影服务。所以，个人工作室的消费对象更多的是年轻人，其发展前景还是相当广阔的。

（四）摄影师需具备的资质

1. 摄影师职业资格认证等级

摄影师按照国家职业标准分为五个等级，即初级（国家职业资格五级）、中级（国家职业资格四级）、高级（国家职业资格三级）、技师（国家职业资格二级）、高级技师（国家职业资格一级）。

2. 摄影师职业资格鉴定方法

摄影师职业资格鉴定分为知识和技能两部分。采用百分制，两项成绩皆达 60 分及以上者为合格。摄影师职业资格鉴定合格者颁发摄影师国家职业资格等级证书。

3. 摄影师职业资格证书的申报条件

我国摄影师职业资格的申报条件是：必须经本职业初级正规培训达规定

标准学时数，并取得结业证书。所以建议想作摄影师的朋友最好先到正规摄影培训学校学习，由学校统一组织考试，统一领取证书。如果单独参加考试则要交相对较高的报考费，而在一些有实力的培训学校可以免费参加考试。

4. 摄影师资格证书的用途

目前，摄影师国家职业资格证书已经像很多职业资格一样被社会逐步认可。随着行业准入制度的建立健全，摄影行业从业人员将会更加职业化，持证上岗成为必然，摄影师资格证书含金量也会提高。

5. 摄影师的职业发展空间

摄影行业是一个高速发展的朝阳产业，未来我国对摄影人才的需求将逐年增加，其中经过正规培训的高端摄影人才将更加抢手。对摄影师的职业规划有如下建议：先进入一个摄影公司当助理摄影师，当经验和资金积累达到一定程度便可以担任专业摄影师，再经过几年的沉淀和学习深造便可以成为一个知名摄影师，这个时候你就可以自己创业开办影楼、摄影工作室或时尚摄影店，可以接单做业务或做培训。

二、如何承接到业务

（一）互联网推广

随着社会竞争日渐激烈，人们的生活节奏也随之加快，网络成为人们了解新产品最方便快捷的通道。近两年来互联网逐渐渗透进了各行各业，网络成为商家广告宣传的重要媒介，为摄影业的发展提供了新的路径。互联网催生了很多电商平台，而有很多平台是基于手机客户端的互联网+服务平台，摄影公司可以将自己摄影师的作品上传至网络，加强宣传自己的摄影水平并与用户互动，还可以在网络的摄影平台上交流、下单，大幅降低了沟通成本，提高了营销效率，并让客户能充分了解公司的实力，有需要时会主动找上门来。

（二）发传单

这种传统的营销模式也很见效。

（三）跑业务

让销售员去寻找需要摄影师的企业洽谈拍摄合约。

（四）广告宣传

比如在公共汽车上投放广告（人多嘛，千万别小看这点）。

（五）做活动

公司可以经常组织一些大型团购活动，且优惠内容要设计得非常合理，能满足各个档次的消费群体的需求，并采取人性化的订单方式，让销售员为顾客耐心详细地介绍产品，顾客可以根据自己的需求选择相应的订单，在优惠活动内容选项栏里选择自己想要的付加优惠项目，签单可以由客户自助完成，这样可以节约大量的时间，让更多的客户能得到实实在在的优惠并高高兴兴地购买产品。公司还向所有参与的朋友送一份见面礼，没有购买产品的朋友也有一份，这样可以维系公司与客户之间的情感，让这些未购买产品的客户也成为潜在客户。

另外还可以与赞助单位合作，选择赞助单位时要特别注重品牌，强强联合将会提高活动的可信度和品位。如果选择小品牌或杂牌赞助商可能会影响客户对影楼品牌的市场定位。活动中可以安排一些客户或网友或签约模特进行现场婚纱、艺术服装走秀，这样更容易让消费者认同，说服力更强。这样的活动为消费者提供了一个真实舞台，让顾客能够真实地看到公司的艺术品位和实力。还可以让顾客去后台换上服装一起参与走秀，这也增加了活动的参与性。如果在活动现场有顾客争相上台表演自己的才艺，那就更好了，不仅能够活跃气氛，还能增强宣传效应。

（六）微信营销

我国民众已进入微信时代，微信推广已迅速成为主流的营销模式之一。尽管微信出现仅仅3年，但却迅速积累了超过4亿的用户，这是一个不容忽视的商业营销领域。虽然微信出现的时间非常短，微信营销的时间也不长，但摄影公司若能灵活运用微信营销，便能实现极高的利润转化。微信营销可通过以下几个步骤来实现利润转化：

（1）关注××摄影公司的微信公众号，每天都会收到公司发出的心灵鸡汤、公司作品、爱情故事、摄影师经典作品等内容，并为大家奉献触动内心深处的优美图文。客户也可以通过微信与官方微信互动，咨询最新优惠政策，提出意见、建议等，公司会选择性回复。

（2）在公司的官方微信网站右侧、活动页面及微博、店内放置微信二维码，引导顾客关注官方微信号，顾客可通过手机随时随地地与官网互动。

（3）消费者参加活动的资格限制为摄影公司正式注册的会员，可以扩大主办单位的活动人气。比如，将人数限制在200人以内，须提前报名方可享受本次活动的优惠，让客户知道是作为会员的权利才享受到这样的优惠，这样就提升了策划活动的价值，加强了活动的可参与度。

（4）微信大转盘、微信刮刮乐具有较高的开奖率，让客户参与这些开奖活动，增加用户的信任度。

（5）公司内部工作人员通过微信朋友圈的转发积累关注度，还可以让顾客通过关注公众号和发朋友圈，分别优惠10~50元不等的奖励，鼓励顾客加入朋友圈的转发，让更多人看到朋友圈的内容，提高对公司的关注度。

（七）参　赛

参加各种比赛，获奖了可以名利双收，没获奖当作练习。

三、摄影公司的工作流程

摄影公司的工作流程相比其他公司的工作流程要简单一些，大致分为四个步骤：第一步是接待部的工作，第二步是化妆部的工作，第三步是摄影部的工作，第四步是后期制作部的工作。

（一）接待部的工作

接待部的主要工作便是在顾客进来的时候，将公司准备的模板拿出来让顾客进行选择。一般公司准备的模板有几十上百个不等，顾客可以从这些成品的风格中选择一套自己满意的风格进行拍摄。如果公司准备的模板都让顾客不太满意，那顾客可以跟接待员说一下自己的想法，让接待员帮忙参考，也可以将服装和背景相互更换，形成另一种风格。等客户定下了满意的风格，便可以签合同了。

附件 1

摄影服务合同范本

甲方：＿＿＿＿＿＿＿＿　　　　乙方：＿＿＿＿＿＿＿＿

地址：＿＿＿＿＿＿＿＿　　　　地址：＿＿＿＿＿＿＿＿

联络电话：＿＿＿＿＿＿　　　　联络电话：＿＿＿＿＿＿

根据《中华人民共和国合同法》及其他有关法律法规的规定，经双方协商一致，签订合同。合同内容如下：

一、乙方为甲方提供的婚礼摄影服务内容有：

1. 乙方提供摄影师＿＿＿＿名，摄影助手＿＿＿＿名。（备注：＿＿＿＿＿＿）

2. 拍摄张数＿＿＿＿张左右（具体张数根据婚礼时间安排、天气和环境因素而定）。

3. 拍摄时间＿＿＿＿小时。

4. 后期调色修饰处理＿＿＿＿张。（是否需要自行选择需要处理的照片＿＿＿＿）

5. 所有修片将配乐制作成电子相册。

6. 所有原片修片以 JPG 格式全部刻录于 DVD 中交付甲方，且制成的 VCD 和 DVD 应当兼容 cd-r、dvd±r 播放设备。

二、付款方式

1. 甲方须向乙方支付服务总款为人民币（大写）＿＿＿＿＿＿元。付款方式分为三期（此处可根据具体情况进行修改）。

第一期：甲方于＿＿＿＿＿日前向乙方支付＿＿＿＿＿元。

第二期：甲方于＿＿＿＿＿日前向乙方支付＿＿＿＿＿元。

第三期：甲方于＿＿＿＿＿日前向乙方支付＿＿＿＿＿元。

2. 若甲方超出乙方的拍摄期限，应另外加付＿＿＿＿＿元/分钟的拍摄服务费用。

三、成品领取

1. 在拍摄服务完成之后，乙方会立刻让甲方进行选片。

2. 选片完成之后，乙方会在___个工作日内进行毛片的后期制作，并在___个工作日内通知甲方前来领取成片。

3. 甲方应在乙方通知领成片的_____天内完成摄影成片的领取。

四、甲方的责任与义务

第一条　甲方若因故取消拍摄视为单方面违约，定金不予退还。

第二条　甲方如需变更拍摄时间，应提前___天以短信或电话的形式告知乙方。若未提前告知，甲方应为乙方的损失给予_____元/天的赔偿。

第三条　甲方因个人原因不配合乙方的化妆、试妆、摄影等服务的，视为甲方违约。乙方可解除合同，并可请求损害赔偿。

第四条　甲方超过约定的选片日期七天未按时选片的，乙方在此期间应尽到告知义务，若七天后仍未前来选片，所造成的损失将由甲方自行承担。

甲方未于约定日期前来领取摄制成品的，乙方应在约定日期前五天进行电话或短信告知。若超过约定日期还未前来领取成片的，乙方可帮其保管_____天，在此期间，乙方可收取保管金_____元/天。若超出保管期限，乙方不负保管责任。

第五条　甲方超过约定的付款期限___日之内未按约定条款支付乙方服务费用的，应支付总金额的___%作为违约金。

五、乙方的责任与义务

第六条　乙方若因故不能按时为甲方提供服务，应提前___天通知甲方，除返还甲方定金外，还应赔偿甲方_____的违约金。

第七条　乙方擅自变更合同内容，应向甲方要求赔偿，赔偿金额为___元。

第八条　经甲方选定的底片、毛片，其著作权归属甲方，乙方应将底片、毛片连同照片同时交付予甲方；甲方未选定的底片、毛片，乙方应予以销毁。

第九条　非经甲方的书面同意，乙方不得擅自利用本合同完成的摄影作品及其他著作物做其他用途。如有此类情况发生，甲方有理由以侵犯甲方肖像权、隐私权责令乙方进行赔偿。

第十条　乙方在对拍摄的甲方样片进行后期制作时，如造成图像丢失，则由乙方对甲方进行赔偿。

第十一条　乙方应确保其为履行合同所提供的衣物、工具或场所等无安全或卫生上的危险。

第十二条　租借的礼服无丢失、毁损情形时，乙方应无息返还收受的押金。

六、争议解决方式

因本合同所产生的争议，由双方自行协商解决。若合约双方均不愿以协商方式进行调节的，可按下列第____种方式解决。

1. 向仲裁委员会申请仲裁。
2. 向人民法院起诉。

第十三条　本合同一式两份，由当事人双方各执一份。

甲方（签字）：　　　　　　　　　　乙方（签字）：

_____年____月____日　　　　　　　_____年____月____日

（二）化妆部的工作

客户将风格订好之后，化妆部的工作人员应将客户带进化妆间换上拍摄的服装并化妆。化妆步骤一般分为上底妆，也就是粉底，然后打粉、上眼影、画眉毛、画眼线、贴假睫毛、画腮红、涂口红等。

（三）摄影部的工作

摄影部的工作人员每天应提前到岗，穿着好工作服及工号牌，顾客到来之前，安排并与摄影助理一起清洁责任区域和对器材进行检测调试、电池充电等准备；由摄影部总监安排摄影师了解当天客人的拍摄资料。摄影师根据拍摄任务，挑选合适的摄影设备、拍摄场所（背景），选择适当的拍摄角度安放摄影设备；根据客户的要求，运用摄影艺术手段完成摄影作品。等客户化好妆之后，指定的摄影师走上前来，面带笑容，热情主动地向顾客问好并作自我介绍"您好！我是你们的摄影师×××，这是我的卡片，叫我×××就行，这是我的助理×××，你们的拍摄由我们俩为你们服务"。在拍摄前，摄影师助理的主要工作便是将相机、镜头、闪光、测光表准备妥当，架好后并试拍几张，以保证摄影工作正常进行；其次便是搭好背景和灯光以及测光，好让摄影师进入摄影棚便可以立即开始进入工作状态。而摄影师在拍摄前应请客户坐下来进行不少于五分钟的沟通，以达到快速进入拍摄状态的效果。沟通的内容大致为："今天我们拍多少套衣服，每套衣服会拍到多少张，询问客人喜欢外景拍多点还是内景拍多点，对全身、半身、特写有没有什么要求，希望半身的多还是全身的多，特写希望有几张，如果客户没有什么要求的话，就由摄影师自行安排。"如果顾客是第一次进行拍摄体验，没什么经验，摄影师要让她尽量放松。如果客户在拍照过程中有什么要求或想法，可以告诉摄影师，摄影部应满足顾客的所有需求。在摄影的过程中，助理应该熟悉各种灯光，摄影师换存储卡时，助理应清楚地记录文件号码及顾客的姓名及编码，并要随着客户的姿态变化而调整出正确的光线，随时注意摄影师的操作指令，协助摄影师带动气氛。而摄影师在拍摄过程中除了自己的专业功底要过硬之外，最重要的便是观察客户的表情和姿态是否能达到自己想要的效果。所以在拍摄过程中，摄影师和顾客之间的互动显得尤为重要。开始拍摄之前，摄影师可以多和顾客聊天以拉近关系，例如问顾客住在哪里，顾客回答后，摄影师可以借机说自己的表姐或婶婶也住在那里，然后简单说一下那个城市的现状和对城市的印象。然后还可以问问顾客的职业，并赞赏顾客的职业，以显示顾客尊贵的地位。也可以在拍摄前告诉顾客在拍摄的过程中不要紧张，要放松心情，拍照并没有想象中的辛苦，完全没有压力，想笑就笑，自然就好。在简单的闲聊过程中，顾客慢慢地放下紧张的情绪，逐渐在摄影师的引导下开始进入拍摄状态，之后便可以摆 Pose 拍片子了。在摆姿势的过程中，摄影师应该不停地对客户进行赞美，以增强顾客的镜头感和自信心。比如："不错不错，这个表情很到位""您脸部 38 度角是最漂亮的，我会给您多拍几张。""您真会摆美姿，像培训过的模特。""哇，小姐你的笑容太漂亮了，再来一张，请保持。"给客户摆美姿动作要轻柔，拍摄时，抓取要准，拍摄过程中以幽默诙谐的语言调动顾客情绪，多给予赞美，以增强信心，营造融洽的气氛，并作好二次消费暗示。拍摄完成之后，助理应清点当天的数据文件，查看相机内是否有未输出的文件，并将脚架降至最低，释放闪光灯余电，收线归位、收拾道具、背景、关空调、关电灯，将摄影器材放入指定位置，并将电池充好电。摄影道具或灯具若有故障，先放置定位，排查完毕后通知送修。

（四）后期制作部的工作

使用专业工具，如高配置的电脑、后期处理软件 PS 对所拍摄的影像进行后期制作。在后期处理时，也可以跟客户进行一次简单的沟通，沟通的内容大致是了解客户在构图、色系、大小比例等方面的特殊要求。如果没有具体要求，便一切按后期制作师自己的审美来进行后期处理。

第七章　玩转广告设计公司

一、广告公司主要业务人员的职责

广告公司在成立初期，其组织构架大概由总经理、平面设计部、业务部、制作部、行政部、财务部等组成。而总经理的作用尤为重要，总经理主要负责公司的经营方向和业务创意的风格和方向，并负责设计部团队的组建和培养，一个团队的组建和培养并非一朝一夕的，要与设计团队共进共退，深入到设计团队内部进行技术指导并积累和提高自身的业务知识和能力，为设计团队把握宏观的创意方向，并及时协调工作中各部门的关系，促进团队的协作能力，保障设计的顺利进行。其次，设计总监还应建立和完善设计部的管理制度与工作流程，对设计项目的进度进行有效的监督和督促工作，保证设计质量，并协调设计部配合公司其他部门的工作。

承接到业务之后，怎样把业务做好应该是设计师的工作范畴了。所以，设计师的工作在整个公告公司中起着非常重要的作用。设计师的工作重心要放在设计灵感上。设计灵感常常来源于生活，所以平时要经常、主动地收集各种素材、掌握设计行业的发展动向，丰富自己的设计灵感，提高自己的设计思想。设计师不仅要负责广告的创作、设计和制作，还应对策划部提供的有关资料和意见加以分析，依照广告策划的要求，结合客户的需求，完成创意方案。其次会同各相关部门制定出整套广告方案，供客户审核，并在客户审核同意后进行制作。

二、如何承接广告设计业务

（一）客户来源

公司成立了，人员配置好了，寻找业务便成为首要任务。寻找业务首先要锁定客户来源。那么，寻找客户的途径有哪些呢？

1. 线上途径

如今我们已经进入互联网时代，网上寻找业务早已是各大公司必走的途径。很多公司和个人也会选择在网上找广告公司，如猪八戒网、58同城网、赶集网、阿里巴巴网、淘宝网、微信公众号等，公司应该在这些网站上注册账号，发布设计作品、服务信息及联系方式，这样一定会有潜在客户通过这些网站找上门来。

2. 线下途径

线下途径可以有多种形式。

第一便是客源介绍，在公司刚起步时，客源少，这时候主要是树立口碑，让做过的客户介绍一些新的客户过来。只要做的业务能让客户满意，这些客户就会将业务源源不断地推荐过来。

第二便是朋友推荐，我们要尽可能地利用自己的人脉圈扩大宣传，让身边更多的人知道自己正在开展这项业务，一定会有朋友带着广告需求主动找上门来。

第三是打广告招揽业务，可以以海报的形式在电梯内、公交车上和地铁的电视上投放广告，也可以在人群来往多的店面上放上宣传的展板，等等，目的是让更多的人了解本公司的概况和业务范围，发展新的客源；还可以制作业务宣传资料，宣传资料的制作形式可分为纸质版的名片、DM单、宣传画册等。制作宣传材料的目的是：要告诉潜在客户，我们的团队具体可以提供哪些广告服务，我们以往完成过哪些成功的案例以及我们的优势是什么。

第四是招聘业务员专门跑业务，让业务员踏踏实实挨家挨户地去"跑"公司，向他们介绍自己公司的业务范围及优势，让对方知道我们的公司，了解我们的团队，坚持下去就会有收获。例如，可以多去有新店铺正在装修、即将开张，新写字楼即将入驻的地方，挨家挨户发名片。在互联网如此发达的今天，也千万不要小看名片的作用，互联网并没有完全解决信息不对称的问题，其实，有很多需要打广告的客户也正愁不知道去哪里找合适的广告合作伙伴呢，当他看到你的名片的时候，基本上就成功一半了。

第五是通过中介公司联系业务。

（二）如何维系客户

1. 放长线、钓大鱼

广告客户和婚庆客户不同，人一辈子结婚的次数有限，而广告的业务可以说是没有上限的，所以在客户维系上应该有一个长期观念。当顾客来到你的公司做业务时，一定要将客户的服务工作做好。比如，跟客户聊天时了解客户的喜好，在客户第二次来的时候便可以送上一些礼物或者进行一些优惠活动。另外还要经常与客户联系，关心客户的想法，做好售后服务，让客户能够感受到关怀和温暖，而且这种关心和温暖必须持之以恒，不能三天打鱼两天晒网，才能让你在客户的心目中占有重要的地位。

2. 多听意见，加强完善

每个公司都是伴随着无数的抱怨和挑剔逐渐成长起来的。客户的抱怨和挑剔恰恰是公司成长的一个必要条件。所以，虚心接受客户的意见和建议，及时对客户提出的问题进行改进，让客户感到被尊重。当然，公司也不能完全凭客户的一面之词就将公司员工的工作全盘否定，这需要进行调查，看客户的反映是否属实，如果属实则应有效改进，如不属实，应对客户进行解释。这就要求企业的管理人员能正确识别客户的要求，正确地将客户的反馈信息传达给产品设计者，以最快的速度生产出符合客户要求的产品，满足客户的需求。

3. 广告业务合同范本

合同一般都是通用格式，重点是约定合作方式、付费方式、设计成果交付方式、完成时间等。

附件 1

广告设计公司合同范本

甲方： 　　　　地址： 　　　　法定代表：
电话： 　　　　　　　　　　　传真：
乙方： 　　　　地址： 　　　　法定代表：

电话：   传真：

甲、乙双方本着平等、自愿的原则，为维护双方合法权益，经友好协商，就乙方为甲方提供广告服务（制作）事宜达成协议，具体条款如下：

第一章　服务项目及时间

第一条

1. 经过甲方前期实地考察和双方谈判，甲方选定乙方为其广告设计与制作合作伙伴。

2. 乙方为甲方在_____提供广告物料制作服务，包括（喷绘、写真、排版等相关产品），合作时间自_____年____月起。

3. 乙方必须保证服务的连续性，不能中途随意终止服务。确实因各种原因不能继续提供服务，需要终止合作的，至少提前一个月通知甲方。甲方不得单方面终止合作，确因其他原因须终止合作的，甲方也应提前一个月通知乙方，并完善相关手续及进行费用清算，同时乙方应将代为保管的物料完好归还甲方。

第二章　服务价格

第二条

1. 基础物料价格如下

品　类	价格（元\m²）	品　类	价格（元\m²）
××××××	×××	××××××	×××
××××××	×××	××××××	×××
××××××	×××	××××××	×××

2. 以上为常规的基础物料执行价格，本价格为含税价格，自_____年_____月起开始执行。如有增加项目或价格变动，按最新双方确认后的报价单价执行。以上价格中，"一般安装"不含木条、木架等此类辅料。

3. 若甲方的一些特别项目需要单独立项的，由甲乙双方另行商定合作条件。单独立项，价格和材质单独核算。

4. 甲方需要的物料若在安装时需要其他辅材的，应按市场价及实际用量与乙方另行商议核算。

5. 设计报价单

平面设计报价			
项目内容	单位	单价（元）	备注
封套设计	个	××××	
××××××	×	××××	××××

第三章 质量管理

第三条 乙方为甲方提供物料和服务之前，应建立完善的检查监督机制，保证提供的物料和服务符合甲方要求，如不符合甲方要求，甲方有权拒绝接收。乙方要提供物料的后期维护工作。

第四条 需要设计的广告画面内容经甲方先确定，乙方再下单设计，并打印小样由甲方签字确认。

第五条 批量制作的物料，乙方应按照甲方要求制作样品。甲乙双方依照确定的样品进行验收。甲方收货后，必须在交接单上签字确认。

第六条 在广告制作及物料的安装过程中，安装工作人员的人身安全由乙方自行承担。

第四章 费用结算

第七条 设计与制作费用总计为：人民币_____元（大写：_____元整）。

第八条 付款方式：

1. 甲方需在合同签订时给付委托设计与制作总费用的50%，即人民币_____元整（大写：_____元整）。

2. 乙方将设计制作印刷品交付甲方时，甲方需向乙方支付合同余款，即人民币_____元整（大写：_____元整）。

第九条 设计与制作作品的时间及交付方式：乙方需在双方约定的时间内完成设计方案。因甲方反复提出修改意见导致乙方工作不能按时完成时，可延期执行，延期时间由双方协商确定。

第五章 违约责任

第十条 甲方在设计作品初稿完成前终止合同，其预付的费用无权要求退回；甲方在乙方作品初稿完成后终止合同的，应当支付全额的设计费用。

第十一条 乙方应保证在约定时间内完成物料制作及安装。如乙方因制作而拖延时间未在规定的时间内完成制作安装的，甲方有权进行扣款处理(每天扣除单期结算总金额的1%）并可终止与其合作。

第十二条　甲方发现广告物料需要维护的，从第一次通知乙方起计算，48小时内乙方应及时维护。若未按时修复的（遇天气情况顺延），逾期后无正当理由还未修复，则以此每迟延一天，按合同总金额的1%向甲方支付滞纳金，甲方有权单方解除合同。

第十三条　乙方如无正当理由提前终止合同，所收取的费用应当全部退回给甲方。

第十四条　本合同一经签订，双方不得以任何理由随意单方面解除本合同（本合同约定的除外）。

第六章　其他

第十五条　本协议一式三份，从双方签字盖章之日起生效。

第十六条　本协议未尽事宜由双方协商解决并签订补充协议。如在本合同履行过程中产生争议，由双方协商解决，协商不成的，可向合同履行地人民法院提起诉讼。

甲方：（章）　　　　　　　　　　　乙方：（章）

法人代表：（签字）　　　　　　　　法人代表：（签字）

　　年　　月　　日　　　　　　　　年　　月　　日

三、业务实施案例

准备好以上工作之后，公司就可以承接业务了。那么，有了业务之后我们应该如何开展工作呢？下面我们以重庆道恒广告有限公司承接的一个广告牌业务为例进行介绍。

第一步：业务接洽

本案中，道恒公司的项目经理与甲方的第一次见面约定在一个环境比较优美的咖啡厅，在简单寒暄之后，甲方首先表达了本次广告牌设计的目的、基本需求，道恒总经理则主要利用平板电脑展示了公司以往的一些广告设计作品，尤其是展示了之前为其他客户设计制作的广告牌以及客户对最终成品的高度评价，这是打动甲方最终选定道恒公司作为项目合作伙伴的重要原因。

从案例中我们可以看出，项目经理与甲方首次进行业务接洽时，最主要的任务就是了解甲方的需求，展示公司以往完成的案例作品，尤其是曾经完成的类似案例和作品评价，来展现团队的设计实力，力求最终拿下项目。

第二步：签订合同

通过交流，道恒项目经理与甲方达成了合作意向，就进入了第二步，签订设计服务合同。在合同中，双方主要约定了广告牌的设计内容、服务价格、首付款比例、尾款交付时间、付款方式、制作周期等内容。合同一般可以采用范本，对于特殊需求可以做特殊条款约定。

第三步：设计沟通

在签订合同之后，道恒项目经理便请来了设计师与甲方一起当面沟通广告牌的具体设计需求，包括广告牌的尺寸、内容和可能用到的材料、倾向的设计风格、制作工艺等具体事项，项目经理将所有的讨论内容填入之前准备好的"设计输入清单"，以文字和草图的形式记录下来，最终请甲方代表签字确认。

第四步：市场调查研究

根据创意简报，带着广告牌项目的具体需求，道恒公司的设计师开始了调研工作，除了常用的网络调研、翻阅各大资料外，还带着甲方的想法和期望大量收集相关信息，包括流行趋势、设计风格、新材质、新工艺等，筛选整理后形成设计原始想法，及时将调研结论与甲方沟通，达成设计共识，然后才可以进入初步方案创意阶段。

第五步：初步方案设计

调研工作完成后，设计师根据与甲方达成的设计共识开始广告牌内容草案的手绘创作，草图形成后，由内部评审会展开讨论，然后将选定的草案利用平面设计软件绘制效果图方案。初步方案设计阶段一般至少要提供三个初步方案给甲方选择，并且这三个初步方案之间要有区别，每个初步方案都应该代表一种设计方向或者一种风格，这样才有利于对比。在提交初步方案给甲方时，一般都整理成PPT的形式，每个方案一定要附上设计理念、设计细节等文字信息。

第六步：方案评价及调整

道恒公司将广告牌的初步方案制作完成之后，就立即联系了甲方前来一同开展评审会，接受客户的信息反馈。在第一次评审会中，甲乙双方主要就广告牌的创意、设计风格、色彩、内容布局等问题展开了讨论，最后敲定了第二个方案进行深化。随后又召开了第二次评审会开展方案评价，这次主要就选定方案的设计深化情况、文案、后期加工的材质和工艺选择进行讨论，随后设计师又根据甲方的需求进行了多次方案调整，形成了广告牌的最终方案。在方案评价阶段，设计师在给甲方介绍方案时，务必要将每个方案的设计缘由、创作意图阐述清楚，这样方案才更容易被客户接受，对于设计师而言，良好的表达能力在这里至关重要。另外，评审工作必须有标准可循，这个标准就是项目开始时沟通、调研敲定下来的设计共识，可以对照当初的设计初稿逐一讨论，避免讨论偏离了原定目标。评审中甲方提出的修改意见要一一记录下来，请客户签字确认，这也是为了避免客户意见反复导致团队重复无效劳动。在最终方案调整阶段，要保持与甲方的密切沟通，保证更高效准确地完成工作。在方案定稿时，需要将打印校对后的文件装订成册交由客户签字确认，同时确认设计制作的数量及具体要求。

第七步：制作安装

广告牌方案敲定后，道恒项目经理随即联系了加工工厂进入制作安装阶段，制作安装过程中，设计师必须随时进行效果、工艺协调，以保证最终成品的质量。

第八步：验收确认

制作结束后，进入最后一个环节，整体验收、客户确认、支付尾款。项目验收时要多注意收集客户对本案的评价、意见及建议，吸取经验，总结教训，同时也争取与客户能达成长久的合作关系。验收后应当及时整理好资料留存，有代表性的项目可以作为成功案例纳入公司的宣传资料中。

通过上述道恒公司广告牌业务的案例展示，读者可以了解广告设计与制作业务的运营流程与方法，但广告业务种类繁多，各有区别，更多的经验还需要读者在实践中积累。

参考文献

[1] 程江波,著.创业力:创业者的9堂必修课[M].北京:机械工业出版社,2017.

[2] 李笑来.斯坦福大学创业成长课[M]. 北京:天津人民出版社,2016.

[3] 尤英夫.如何开公司:创业者教战手册[M].中国台北:新學林出版股份有限公司,2009.

[4] 葛蕾思·邦尼(Grace Bonney).謝雯仔,译.就爱家设计[M].北京:奇光出版,2013.

[5] 苗李宁,微商创业与营销宝典[M].北京:化学工业出版社,2016.

[6] [美]茱莉·杜博斯,著. 陈彦坤,译.摄影中的美[M].北京:电子工业出版社,2016.

[7] [美]戴维·罗斯(David Rose),著.桂曙光, 魏亦萌,等,译.创业清单[M]. 北京:中国人民大学出版社.

图书在版编目（CIP）数据

峨眉山玄武岩大型高位远程滑坡形成机制研究 / 申通，袁玥，韩杨著. 一成都：西南交通大学出版社，2022.3

ISBN 978-7-5643-8635-1

Ⅰ. ①峨… Ⅱ. ①申… ②袁… ③韩… Ⅲ. ①峨嵋山－玄武岩－大型－滑坡－研究 Ⅳ. ①P642.22

中国版本图书馆 CIP 数据核字（2022）第 048786 号

Emei Shan Xuanwu Yan Daxing Gaowei Yuancheng Huapo Xingcheng Jizhi Yanjiu

峨眉山玄武岩大型高位远程滑坡形成机制研究

申 通　袁 玥　韩 杨　著

责 任 编 辑	韩洪黎
封 面 设 计	GT 工作室
出 版 发 行	西南交通大学出版社 （四川省成都市金牛区二环路北一段 111 号 　西南交通大学创新大厦 21 楼）
发行部电话	028-87600564　028-87600533
邮 政 编 码	610031
网　　　址	http://www.xnjdcbs.com
印　　　刷	成都蜀通印务有限责任公司
成 品 尺 寸	170 mm × 230 mm
印　　　张	17
字　　　数	261 千
版　　　次	2022 年 3 月第 1 版
印　　　次	2022 年 3 月第 1 次
书　　　号	ISBN 978-7-5643-8635-1
定　　　价	48.00 元

图书如有印装质量问题　本社负责退换
版权所有　盗版必究　举报电话：028-87600562

峨眉山玄武岩大型高位
远程滑坡形成机制研究

申通 袁玥 韩杨 著

西南交通大学出版社
·成都·